大学生体质健康教程

王 迪 主编

化学工业出版社

·北京·

内容简介

《大学生体质健康教程》的内容是依据《国家学生体质健康标准》的测试项目和评定标准而编写的，可指导教师有针对性地评估学生体质，也可让学生更加明确自身体质存在的问题，从而进行有导向性的训练，全面提高学生的体质。

《大学生体质健康教程》可作为普通高等学校大学体育课程的配套教材，也可供体育运动爱好者学习参考。

图书在版编目（CIP）数据

大学生体质健康教程/王迪主编．—北京：化学工业出版社，2024.8
ISBN 978-7-122-45779-0

Ⅰ.①大… Ⅱ.①王… Ⅲ.①大学生-身体素质-健康教育-教材 Ⅳ.①G807.4

中国国家版本馆CIP数据核字(2024)第111284号

责任编辑：宋　薇
责任校对：李雨晴　　　　　　　　装帧设计：张　辉

出版发行：化学工业出版社
　　　　　（北京市东城区青年湖南街13号　邮政编码100011）
印　　装：大厂聚鑫印刷有限责任公司
710mm×1000mm　1/16　印张12　字数221千字
2024年10月北京第1版第1次印刷

购书咨询：010-64518888　　　　　售后服务：010-64518899
网　　址：http://www.cip.com.cn
凡购买本书，如有缺损质量问题，本社销售中心负责调换。

定　　价：48.00元　　　　　　　　版权所有　违者必究

前言

为建立健全国家学生体质健康监测评价机制,激励学生积极参加身体锻炼,教育部印发《国家学生体质健康标准》(2014年修订),该标准的实施,是为了促进学生积极参加体育锻炼、增强学生的体质、提高学生的健康水平,高校体育教学应全面贯彻落实教育部《学校体育工作条例》《全国普通高等学校体育课程教学指导纲要》《国家学生体质健康标准》的精神。通过体质测试的方法可以使学生清楚了解自己的体质与健康状况,帮助监测实时变化情况,有助于设定个性化的锻炼目标,有针对性地选择锻炼策略,制订切实可行的锻炼计划。

《大学生体质健康教程》是根据大学生体质测试标准编写的实施系统锻炼方法的专用教材,内容编写按体测项目和评定标准制订锻炼方法,可指导学生有针对性地评估自身体质存在的问题,进行有导向性的训练,全面提高体质。

本书为大学体育课程配套教材,在内容编写中注重教育信息化改革与创新,多个章节除了书中的文字叙述和图片展示外,还加入了视频内容。这些视频不仅是对文字内容的补充和拓展,更是对体育技能的直观展示和教授。通过扫描书中的二维码,读者可以随时随地观看相关视频,这种多媒体的学习方式,将让学习体育变得更加生动、有趣和高效。

本书由王迪任主编,曾晨、帅广震、张阿颖任副主编,参与编写的还有卢侃、曹礼亚、刘琨、冉旭、朱赟浩、代宇帆、庞军、秦涛、朱宝磊、张志华、吴序、武慧峰、薛展鹏、闫佳瑶、徐启元等。

  在使用本书的过程中，鼓励同学们积极参与课堂活动，与老师和同学进行互动交流；同时，也希望大家能够充分利用视频资源，结合自身的兴趣和特点，选择适合自己的体育项目进行学习和锻炼。

  本教材在编写过程中参阅了一些相关资料，在此一并向关心、支持本书工作的各界人士表示衷心感谢！

  由于时间和水平所限，书中若有疏漏之处，敬请指正！

编者
2024年6月

目 录

第一章　体质健康与大学体育 / 001

第一节　体质与健康 ……………………………………………………… 001
　　一、体质 …………………………………………………………… 001
　　二、理想体质 ……………………………………………………… 001
　　三、影响体质的因素 ……………………………………………… 002
　　四、体质与健康的关系 …………………………………………… 002
第二节　大学体育的目标与要求 ………………………………………… 004
　　一、大学体育的价值 ……………………………………………… 004
　　二、大学体育课程的目标 ………………………………………… 005
　　三、大学体育对大学生的基本要求 ……………………………… 006
　　四、大学体育教育应树立"健康第一"的指导思想 …………… 008
第三节　大学体育与体质健康的关系 …………………………………… 008
　　一、现代生活方式与人的健康 …………………………………… 008
　　二、现代体育的发展趋势 ………………………………………… 009
　　三、《国家学生体质健康标准》的重要性 ……………………… 010
　　四、大学体育的作用 ……………………………………………… 011

第二章　《国家学生体质健康标准》的项目、指标及运用 / 013

第一节　体育锻炼的生理学基础 ………………………………………… 013
　　一、运动系统与运动 ……………………………………………… 013

　　　　二、呼吸系统与运动 ———————————————————— 016
　　　　三、心血管系统与运动 ———————————————————— 017
　　　　四、神经系统与运动 ————————————————————— 019
　　　　五、能量供应与运动 ————————————————————— 020
　第二节　身体成分的测试方法解析 ———————————————————— 022
　　　　一、身体成分检查 —————————————————————— 022
　　　　二、身体质量指数 —————————————————————— 022
　　　　三、身体成分测定方法 ———————————————————— 023
　　　　四、身体成分分析仪 ————————————————————— 024
　第三节　心肺系统机能的测试方法解析 —————————————————— 024
　　　　一、心肺系统机能 —————————————————————— 024
　　　　二、测试方法 ———————————————————————— 025
　　　　三、评分标准 ———————————————————————— 025
　第四节　力量素质的测试方法解析 ———————————————————— 026
　　　　一、力量素质 ———————————————————————— 026
　　　　二、测试目的 ———————————————————————— 026
　　　　三、练习方法 ———————————————————————— 027
　第五节　耐力素质的测试方法解析 ———————————————————— 027
　　　　一、耐力素质 ———————————————————————— 027
　　　　二、测试目的 ———————————————————————— 027
　　　　三、练习方法 ———————————————————————— 028
　第六节　柔韧性素质的测试方法解析 ——————————————————— 029
　　　　一、柔韧性素质 ——————————————————————— 029
　　　　二、测试目的 ———————————————————————— 029
　　　　三、练习方法 ———————————————————————— 029

第三章　大学生体质健康管理的策略 / 031

　第一节　体育锻炼的基础与评价体系 ——————————————————— 031
　　　　一、体育运动的心理学因素 —————————————————— 031

二、体育运动动机及培养 032

第二节　体质健康管理 034
　　一、体质健康管理的原则 034
　　二、定期体检与健康评估 035

第三节　个性化运动计划的制订 036
　　一、个性化运动计划的制订原则 036
　　二、个性化运动计划的制订方法 037

第四节　合理饮食与营养摄入 037
　　一、合理饮食 037
　　二、营养摄入 038

第五节　充足休息与良好睡眠 039
　　一、充足休息 039
　　二、良好睡眠 040

第六节　科学的体育锻炼与评价 041
　　一、体育锻炼的相关概念 041
　　二、体育锻炼的基本原理 042
　　三、体育锻炼的原则 043
　　四、体育锻炼计划 044
　　五、体育锻炼效果的自我评价 046

第四章　体育锻炼的原则与方法 / 050

第一节　体育锻炼的基本原理与原则 050
　　一、体育锻炼的基本原理 050
　　二、体育锻炼的基本原则 051

第二节　体育锻炼的方法 051
　　一、准备活动 051
　　二、运动后的放松与按摩 055

第三节　运动处方 057
　　一、运动处方的概念 057

二、运动处方的制订原则 ················· 057
　　三、运动处方的内容 ··················· 058
第四节　运动前的准备活动 ··················· 058
　　一、准备活动概述 ····················· 059
　　二、准备活动的运动强度及时间 ············ 059
　　三、准备活动中各关节和肌肉的拉伸 ········· 060
　　四、准备活动时主要拉伸方法 ·············· 061
第五节　运动后的放松与按摩 ················· 062
　　一、运动后放松的意义 ·················· 062
　　二、运动后放松方法及分类 ··············· 063
　　三、运动放松注意事项 ·················· 063
第六节　体育锻炼效果的评定 ················· 065

第五章　健康促进的实践与方法 / 066

第一节　篮球 ····························· 066
　　一、篮球运动的起源与发展 ··············· 066
　　二、篮球运动的基本技术 ················· 067
　　三、篮球运动的基本战术 ················· 068
第二节　足球 ····························· 072
　　一、现代足球的起源与发展 ··············· 072
　　二、足球运动的主要赛事 ················· 073
　　三、足球运动的基本技术 ················· 074
　　四、足球运动的基本战术 ················· 080
第三节　排球 ····························· 081
　　一、排球运动的起源与发展 ··············· 081
　　二、国际和国内排球比赛 ················· 081
　　三、排球运动的基本技术 ················· 082
　　四、排球运动的基本战术 ················· 087

第四节　羽毛球 088
  一、羽毛球运动的起源与发展 088
  二、羽毛球运动的基本技术 088
  三、羽毛球运动的基本战术 094

第五节　乒乓球 096
  一、乒乓球运动的起源与发展 096
  二、乒乓球运动的基本技术 097
  三、乒乓球运动的基本战术 102

第六节　健美操 103
  一、健美操运动概念 103
  二、健美操运动的分类 103
  三、健美操基本动作 104
  四、《全国健美操大众锻炼标准》第二套规定动作 105
  五、踏板操 115

第七节　24式太极拳 116
  一、起势 116
  二、野马分鬃 117
  三、白鹤亮翅 117
  四、搂膝拗步 119
  五、手挥琵琶 119
  六、倒卷肱 121
  七、左揽雀尾 123
  八、右揽雀尾 124
  九、单鞭 125
  十、云手 125
  十一、单鞭 127
  十二、高探马 127
  十三、右蹬脚 127
  十四、双峰贯耳 128

十五、转身左蹬脚 ············ 129
十六、左下势独立 ············ 129
十七、右下势独立 ············ 130
十八、左右穿梭 ············ 131
十九、海底针 ············ 131
二十、闪通臂 ············ 132
二十一、转身搬拦捶 ············ 132
二十二、如封似闭 ············ 133
二十三、十字手 ············ 133
二十四、收势 ············ 134

第六章　体育锻炼与卫生保健 / 135

第一节　常见运动损伤概述 ············ 135
　　一、运动损伤的原因 ············ 135
　　二、运动损伤的预防 ············ 136
　　三、运动损伤的处理 ············ 136
　　四、常见的运动损伤 ············ 137
第二节　体育锻炼中常见运动性疾病 ············ 138
　　一、过度训练 ············ 138
　　二、运动性晕厥 ············ 139
　　三、运动性腹痛 ············ 140
　　四、肌肉痉挛 ············ 141
　　五、运动性贫血 ············ 142
　　六、运动性血尿 ············ 142
第三节　体育锻炼中常见运动损伤的处理方法 ············ 143
　　一、擦伤 ············ 143
　　二、扭伤 ············ 143
　　三、肌肉拉伤 ············ 144

第四节	出血与骨折的急救	144
	一、出血的急救	144
	二、骨折的急救	146
第五节	搬运伤员的方法	148
	一、徒手搬运法	148
	二、器械和车辆搬运法	148
第六节	运动营养与保健	149
	一、体育锻炼与营养补充	149
	二、运动保健常识	153

第七章　大学生应急避险与抗挫折能力及团队协作精神培养 / 157

第一节	大学生应急避险能力培养	157
	一、大学生应急避险能力培养的意义	157
	二、大学生应急避险能力培养的方法	158
第二节	自然灾害应急常识	159
	一、暴雨应急常识	159
	二、雷电应急常识	159
	三、大风应急常识	160
	四、高温应急常识	160
	五、寒潮应急常识	160
	六、大雾应急常识	161
	七、冰雹应急常识	161
	八、暴雪应急常识	161
	九、沙尘暴应急常识	162
第三节	大学生抗挫折能力培养	162
	一、挫折教育的意义	162
	二、抗挫折能力培养的方法	163

三、积极心态的来源 164
第四节　大学生团队协作精神培养 165
　　一、团队体育 165
　　二、经典团队体育项目 166

附录　大学生体质健康测试评分标准 / 172

参考文献 / 180

第一章 体质健康与大学体育

第一节 体质与健康

一、体质

体质是人体的质量，它是个体在先天的遗传基础上，通过后天的获得所表现出来的人体形态结构、生理功能和心理因素方面综合的、相对稳定的特征。

① 身体形态发育水平：体形、身体姿态、营养状况等。

② 生理生化功能水平：机体新陈代谢功能及人体各系统、器官的工作效能。

③ 身体素质和运动能力：身体在生活、劳动和运动中所表现出来的力量、速度、耐力、灵敏、柔韧等身体素质以及走、跑、跳跃、投掷、攀登、爬越、悬垂、支撑等运动能力。

④ 心理状态：包括本体感知觉能力、个性、人际关系、意志力、判断力等。

⑤ 适应能力：对外界环境适应以及抗寒耐暑的能力，对疾病的抵抗能力。

二、理想体质

理想体质是指良好的人体质量，是在遗传的基础上，经过后天的努力塑造所能达到的形态、结构、生理功能、心理、智力和对外界环境适应的整体良好状态。理想体质的主要标志如下。

① 身体健康，主要脏器无疾病。

② 身体发育良好，体格健壮，体形匀称，体姿正确。

③ 心血管、呼吸与运动系统具备良好的功能。

④ 有较强的运动与劳动等身体活动能力。

⑤ 心理发育健全，情绪乐观，意志坚强，有较强的抗干扰和抗不良刺激的能力。

⑥ 对自然环境和社会环境有较强的适应能力。

三、影响体质的因素

影响体质的因素很多，如遗传、环境、营养、教育、体育锻炼、卫生保健、生活方式等。在这些因素中，学校教育特别是学校体育锻炼，对增强学生体质具有重要影响。体质的形成受先天、年龄、性别、精神状态、生活及饮食条件、地理环境、疾病、体育锻炼等众多因素的影响。

① 先天因素，包括某些先天性生理缺陷和遗传性特异体质。

② 年龄，体质随年龄而呈现时限性，如小儿体质具有生机蓬勃的特点，老年人则有日趋衰老的特点。

③ 男女差别，女性产生免疫力的基因优于男性。

④ 性格，不良的性格和个性对体质也会产生不良的影响。

⑤ 地域，不同的水土性质、气候类型、生活条件，影响着不同地区的人的体质。

⑥ 社会环境，体力劳动较少，易患高血压病、高血脂、糖尿病等疾病；体力劳动较多，易患脾胃病。

四、体质与健康的关系

（一）体育与人的发展

现代社会所倡导的人的社会性格和现代体育，特别是竞技体育所提倡的观念是一致的，因此，在现代社会里，常常利用体育来培养社会成员或未来社会成员的现代意识和心理行为。体育促进人的发展，具体表现在以下几个方面。

1. 健康人的体质

以自我身体活动为基本活动方式来实现对自身的改造，是体育特有的属性，体育的强身健体作用主要表现在两个方面：一是可使骨骼变粗、变长，肌肉变得发达、结实，体形变得强壮而健美；二是可使心血管系统、呼吸系统、消化系统、泌尿系统、神经系统的功能发生适应性变化，改善机体机能，提高健康水平。体育教会人们合理有效地利用、保护和促进身体发展，是一种利用身体、完善身体的活动过程，合理而科学的身体锻炼，是保证身体发挥其效能的有效途径。

2. 文明人的精神

体育对人的精神的作用主要通过两个途径实现：一是体育运动能使人体健美、体质增强，从而获得健康的精神；二是体育运动能直接满足人心理上、精神上的各种需要，使人心情舒畅，精神充实愉悦，充满活力。

3. 娱乐人的生活

体育作为一种文化形式、一种欢度闲暇的手段，在充实人们的生活时间、扩展人们的生活空间、满足人们不断增长的发展需要、提高人们的生活质量等方面有着特殊的功能，随着人们的基本生存需要得到满足、闲暇时间日益增多，体育的娱乐功能将体现得越来越明显。在现代生活中，体育的"娱人"功能主要通过观赏和参与两个途径来实现，人们通过观赏体育竞赛与表演，品味健、力、美的统一，欣赏和谐的韵律、鲜明的节奏、精妙的配合及其所表现的诗情画意般的、戏剧性的艺术造型，可以消除疲劳和调节生活。而通过自身参与体育实践，人们在与同伴的密切配合中，在与对手斗智斗勇的过程中，在超越自我的经历中，可以满足自身的发展需要，以身体活动为主要媒介的身体娱乐与其他的娱乐方式相比具有"双重功效"，适度的身体娱乐活动既健身又悦心。

4. 促进人的社会化

体育是人类文化的结晶，会直接或间接地影响人的社会化的进程，人类的生活如同竞技场上的比赛，大到与自然竞争，小到与对手竞争，无一不是在竞争中不断地完善自我和超越自我，无论是去现场观看比赛还是参赛，运动场为人们在生活中即将发生的竞争提供了极佳的预演场所，人们在运动场上养成的良好品性和行为举止，可以迁移到日常行为模式之中而成为受社会所认同和接纳的因素。同运动场上一样，生活中有得意之时，也有失意之处，胜利者固然值得敬佩，失败者同样受人尊敬，胜不骄、败不馁、奋发向上、顽强拼搏不仅是运动员所应具备的品质，也是社会的每个成员都应追求的素养。从公平竞争的角度讲，运动场是培养人们具有公平、公正意识的最佳场所，作为社会教育的手段，现代体育可以促进个性的形成与发展，参加体育活动需要较强的自发性和反复进行练习的坚持力。一般来说，运动能力强的人都比较乐观，有创造性，适应能力强，对于大学生来说，参加体育运动并使之成为大学生活的一个组成部分，对促进身体与心智的发展有十分明显的作用。

（二）体质与健康

体质和健康都涉及人体的形态发育、生理机能、运动能力和心理状况及对社会（包括人际关系）的适应能力等方面，这些方面之间既有所不同，又有所联系。体质是生命活动的最基本要素，也是健康的物质基础。各种不同年龄的人，实行"健康投资"和"健康储蓄"是增强体质、延缓衰老、促进健康，获得高质量的工作、生活品位和获得长寿最积极有效的途径。

坚持体育锻炼，要尽量确保每天1小时的体育活动；培养终身体育习惯；有针对性地、科学地制订健身计划，不断提高身体素质。

第二节 大学体育的目标与要求

一、大学体育的价值

1. 大学体育的文化价值

体育属于文化的范畴，是大众文化的一个有机组成部分。同其他文化方式相比，体育文化具有覆盖范围大、渗透能力强、感染力与震撼作用大、群众喜闻乐见和雅俗共赏等特点。它还不受性别、年龄、文化程度、地域及语言等因素的限制，是最普及、最流行、最直接的文化娱乐方式。

体育是人们通过自身行为改变自己的自然属性和社会属性的一种有意识、有目的的活动。随着时代的发展，现代体育的内涵和外延发生了重大的变化，与人们的生活联系得更加紧密，成为一种十分显著而复杂的文化现象。

体育对个体的身心成长、发展，以及社会政治、经济、文化等产生了重大的影响。随着当今体育的发展及其人文价值、教育和娱乐等多种社会功能的凸显，体育已成为人类社会共有的精神文化产品，改变着越来越多人的生活。

体育给人们带来的影响是独特和无可替代的，它所产生的心理与精神的效应是积极向上、正面深刻的，大学体育活动可以使大学生提高精神追求和文化品位，丰富课余文化生活，调节精神，锤炼品格。大学体育的文化价值可概括为体育文化的传承、体育情趣的熏陶、精神需求的满足和文明修养的塑造。

2. 大学体育的社会、心理价值

体育是一种复杂的社会现象，它集健身、健心于一体，是身心健康的塑造过程。大学体育以身体与智力活动为基本手段，根据人体生长发育、技能形成和提高的规律，通过体育教学、课外体育锻炼等形式，促进身体健康发展，提高身心素质水平，提升运动能力，丰富和改善生活方式，调节心理，陶冶情操，完善个性品质，提高生活质量。

体育是一种有意识、有目的、有组织的社会活动，在人类发展史上体育作为一种积极的人类行为和特殊的社会现象，一直随着社会的发展、文明的发展而发展，并对人类的进化和社会的发展起到了巨大的促进作用。

如今大学体育作为调节、培养心理品质，塑造健全人格，形成文明健康生活方式的重要内容，对大学生的健康始终起着独特的作用，是维护学生身心健康有效、有益的方法，是学生调节情绪、历练品行、培养良好人格的有效途径之一。体育锻炼已经成为大学生调节精神生活、陶冶性情、改善心态的有效途径，成为大学生拓宽生活空间、扩大信息来源和人际交往的重要渠道，学生自主地参加适合自己的体育锻炼，可以充分体验运动的乐趣，进而培养对体育运动的爱好和兴趣。同时大学生掌握从事终身体育活动所需的体育知识与技能，可以提高自我锻炼的能力，形成终身锻炼的态度和习惯。

体育比赛在竞争中充满着合作，严谨中渗透着幽默，既有静态的雕塑美，又有运动的动态美，这些都带给人们深刻的心理体验，在体育比赛中爱与恨、喜与悲、乐与忧、期望与失望、成功与失败等融为一体，带给人无限的遐想和无尽的回味。

如今人们日益重视在体育活动过程中心理变化的特点与过程，关心体育锻炼对人心理的作用与影响，在体育锻炼与心理健康方面，研究者主要把目光集中在体育锻炼对人的情绪改善、对自我概念的影响和与认知功能的关系等课题上，还涉及体育锻炼所产生的心理效益机制等领域。

3.大学体育的美学价值

运动竞赛是体育的重要组成部分，其竞争性、观赏性和比赛结果的不确定性能够满足人们的审美需求，运动员或运动队在赛场上所表现出来的精湛技艺，让人赏心悦目，人们能从中得到极大的美学享受。重大体育比赛能够极大地满足一个人乃至多个民族的社会需求和表现欲望，使人们的精神得到升华，品质得到陶冶，境界得到提高。

体育是以民族文化的价值观、世界观、人生观为基础的，它负载着人们的情感，包含着人们的智慧、信仰、艺术道德、风俗习惯等内容，大学体育的审美价值是奋发进取、追求卓越、净化心灵、培养情趣，提高大学生的体育审美品位和在体育比赛中欣赏美、创造美的能力，也是大学体育的目标之一。

二、大学体育课程的目标

体育课程的目标是指通过体育课程的教学实践所要达到的预期结果，是体育课程的出发点和归宿。考虑到学生身体发展水平的差异性，课程目标分为基本目标和发展目标。基本目标是根据大多数学生的基本要求而确定的，发展目标是针对少数学有所长和有余力的学生确定的，也可作为大多数学生的努力目标。大学体育课程目标如下。

（一）基本目标

① 运动参与目标：积极参与各种体育活动并基本形成自觉锻炼的习惯，基本形成终身体育的意识，能够编制可行的个人锻炼计划，具有一定的体育文化欣赏能力。

② 运动技能目标：熟练掌握两项以上健身运动的基本方法和技能；能科学地进行体育锻炼，提高自己的运动能力；掌握常见运动创伤的处置方法。

③ 身体健康目标：能测试和评价体质健康状况，掌握有效提高身体素质、全面发展体能的知识与方法；能合理选择人体需要的健康营养食品；养成良好的行为习惯，形成健康的生活方式；具有健康的体魄。

④ 心理健康目标：根据自己的能力设置体育学习目标；自觉通过体育活动改善心理状态、克服心理障碍，养成积极乐观的生活态度；运用适宜的方法调节自己的情绪；在运动中体验运动的乐趣和成功的感觉。

⑤ 社会适应目标：表现出良好的体育道德和合作精神；正确处理竞争与合作的关系。

（二）发展目标

发展目标是针对部分学有所长和有余力的学生确定的，也可作为大多数学生的努力目标，分为五个领域目标。

① 运动参与目标：形成良好的体育锻炼习惯；能独立制订适合自身需要的健身运动处方；具有较高的体育文化素养和观赏水平。

② 运动技能目标：积极提高运动技术水平，发展自己的运动才能，在某个运动项目上达到或相当于国家等级运动员水平；能参加有挑战性的野外活动和运动竞赛。

③ 身体健康目标：能选择良好的运动环境，全面发展体能，提高自身科学锻炼的能力，练就强健的体魄。

④ 心理健康目标：在具有挑战性的运动环境中表现出勇敢顽强的意志品质。

⑤ 社会适应目标：形成良好的行为习惯，主动关心、积极参加社区体育事务。

三、大学体育对大学生的基本要求

（一）建立正确的体育意识

体育是一种复杂的社会现象，体育意识作为人们的大脑对这一社会现象的反映自然也应该是十分丰富的。用通俗易懂的方式可将体育意识表述为：人们对体育及其重要性的认识，以及由此产生的思想观念、心理活动的总和。而大学生的体育意识是指大学生对体育的认识和理解，主要包括理解体育运动的意义和作用，具有参与体育活动的欲望和要求等。

（二）提高体育能力

个体的生理素质是能力发展的自然前提；教学训练及从事实践活动对能力发展具有决定意义；生活的社会环境则是能力发展的根本保证。体育能力是从事身体活动所必备的知识、身体素质、技能和方法，它包括体育的认识能力、体育的审美能力、身体基本活动能力、运动能力、自我锻炼能力、自我评价能力等。

（三）培养学生的体育锻炼兴趣和爱好

（1）兴趣是人们积极探究某一事物的认识倾向

人们对体育的兴趣往往首先是从对多姿多彩的运动竞赛、运动游戏、身体练习和运动场馆、设施的关注开始的，通过对体育的诸多具体内容、方法、手段、设施等的关注和向往，人们的认识活动就会逐渐集中地指向与体育有关的事物。

（2）爱好是从事某种活动的倾向

当人们对体育的兴趣进一步发展成为从事体育活动的倾向时，就发展成了对体育对象运动的爱好。爱好总是与活动紧密地联系在一起的。有的大学生只对体育有观赏的兴趣，而没有积极从事体育活动的爱好，这样实在难以使体育运动真正地进入自己的生活，当然也就很难养成参与体育运动的良好习惯。

（3）正确对待体育的兴趣和爱好

从提高体质的角度出发对待兴趣，有兴趣的，要发扬；无兴趣但有价值的，必须加以培养。培养参加体育锻炼的兴趣、爱好与习惯，不仅是一种工作般的体育锻炼过程，而且是一个培养、学习的过程。大学生不仅要在体育课中进行体育学习，而且应课内外结合，校内外配合，共同实现。

（四）努力塑造强健的体魄

（1）大学阶段是塑造强健体魄的关键时期

大学生正处在青春后期和青年期，同化作用和异化作用基本平衡，生长发育日趋稳定，生理机能和适应能力发展到较高水平，是性发育成熟、生命活动最旺盛、身心健康加速发展的关键时期。在此关键时期，必须十分重视通过科学的身体锻炼过程来促进和完成自身正常生长发育，全面发展身体形态、机能，努力提高身体素质和基本活动能力，增加对疾病的抵抗力和对环境的适应能力，力求塑造强健的体魄。

（2）认真接受体育教育

高等学校体育教育的过程主要是在教师的指导下，大学生主动积极地学习和掌握体育与运动基本技术、基本技能的过程，促使大学生获得参与运动实践的本领和掌握身体锻炼的科学方法，这是一个参与运动、掌握技术、发展智力、增强体力的综合过程。

四、大学体育教育应树立"健康第一"的指导思想

《中共中央国务院关于深化教育改革全面推进素质教育的决定》对学校教育明确提出了"健康第一"的指导思想。高校作为培养高素质人才的基地，体育教育应该全面贯彻健康第一的指导思想，把健康教育和素质教育有机地与体育教育融于一体，完成为国家现代化建设培养合格的建设者和接班人的历史重任。健康的体质是思想道德素质和科学文化素质的物质基础，是高素质人才的物质基础，"以人为本、健康第一"是新世纪合格人才和提高人类生活质量的新理念。

体育发展的历史表明，体育随着社会的发展而发展，不同的历史时期其价值取向也各不相同，社会的需要就是体育价值的所在。当今，国家和社会需要的是高素质人才，因此，可以说高校体育的价值在于所培养出人才的素质的优劣。高校体育还渗透着对大学生心理素质、思想文化素质的培养。因此，高校体育是一门融生理学、心理学和社会科学为一体的综合性学科，是素质教育的重要内容，也是素质教育的重要手段，对高素质人才的培养有着重要作用。

第三节 大学体育与体质健康的关系

一、现代生活方式与人的健康

1. 现代生活方式的特征

20世纪是人类文明发展史上的一个重要阶段，在这100年里人类创造的奇迹超过了以往的总和，劳动过程的机械化、自动化，汽车代步，生活电气化、信息化等都在不断改善社会生活的物质条件。我们的生产和生活由于现代化的高度发展而日趋效率化和合理化，劳动的时间得以缩短，闲暇时间不断增多，社会学研究表明，现代社会发展可持续化、社会资产投入无形化、社会知识化、教育终身化、生产方式集约化、信息传递网络化的趋势和特征，对学校教育改革与发展，对人才培养的方针和途径，以及对人才如何适应未来社会生活需要提出了新的要求，这也正是学校体育特别是高校体育所面临的重要问题。

2. 现代生活方式对人体健康的影响

现代生活方式主要由人们满足自身需要的方式所决定，科学技术的发展，使生产过程自动化、电气化和智能化的过程加快，繁重的体力劳动大大减少，过去那种大幅度、高强度的劳动操作，被由小肌肉群参与的小动作取代，现代生活方式的变化使现代人的机体结构和身体、心理机能与生活环境之间产生了不平衡，人们身体活动的机会越来越少，这必然导致体力的下降，而现代社会的物质又极为丰富，人们营养物质摄入往往过剩，加上日常生活中运动的减少，导致肥胖率逐渐升高，随着肥胖程度的增加，一些人的体能逐渐下降，甚至出现体质衰弱。

二、现代体育的发展趋势

体育作为一种提高生活质量、满足人类身体需要和精神需求的重要手段，是现代社会人类文明、健康、科学生活方式不可缺少的组成部分，体育不仅对健康的人生有着重要的意义，还与建立幸福的家庭与和谐的社会紧密联系在一起，社会的进步，使得体育的内容和形式也日趋丰富多样。

1. 体育的社会化

发展体育事业得到了世界各国的普遍重视，很多国家都以立法的形式保证体育的广泛开展，我国也于1995年颁布了《中华人民共和国体育法》。随着社会的发展及生活水平的提高，人们的体育意识不断增强，对体育的需求日益迫切，生命在于运动已成为社会普遍接受的观点。现代人对体育的普遍需求也激发了全社会参与体育的热情，体育产业已成为国民经济的重要增长点，2008年北京奥运会后，我国体育朝着社会化和产业化发展的趋势日益明朗，这已成为当前体育改革的主要方向。

2. 体育的多样化

为了满足现代人的需要，体育运动的目的、内容、形式等正朝着多样化的方向迅速发展，娱乐性体育运动的内容将更加丰富，形式将更加灵活多样，现代社会中各种趣味性强、轻松愉快、规则简单的娱乐运动，已成为人们合理利用闲暇时间的必不可少的方式和手段，受到了人们的普遍喜爱。如体育和音乐、舞蹈等艺术结合，形成了健美、健身活动，其和谐的韵律、鲜明的节奏，给人以一种力的表现和美的享受；又如钓鱼、下棋等体育活动，可以使人轻松悠闲，乐在其中。

3. 体育的终身化

现代社会为人类生存提供了丰富的物质条件，延缓人体的衰老进程，保持良好的健康状况，成为人们追求的目标。体育对维持人的健康的身心状态起着极为重要的作用，以往体育在家庭、学校、社会中各自分离的状况，显然已不能适应现代社会的需要。现代体育要求从儿童、少年、青年到中老年，都应连续不断地从事体育运动，形成家庭、学校、社会连贯的终身体育体系。

各年龄段对体育运动有各自独特的需求：儿童、少年要健康发育和成长；青年希望获得健美的体格和充沛的精力；中老年希望延缓衰老、健康长寿。体育在社会不同职业范畴、不同生活领域和人类生命的全过程都应得到充分的利用，并朝着终身化的方向发展。

4. 体育的国际化

现代通信网络和交通工具的迅速发展，使人类生活的空间距离不断缩小，这为人类的频繁交流创造了客观条件。在物质极大丰富的情况下，人们更热衷于文化的交流，体育作为现代社会最受欢迎的文化现象之一，正以前所未有的速度朝着国际化的方向迈进，它不受国家、地区、种族、文化的限制，可以把不同国家和民族联结在一起，交流体育文化和情感，传播友谊与和平，国际体育交流丰富了体育内容，增进了国家和民族之间的相互了解和友谊，在各种国际性的体育交流中，最引人注目的首推现代奥林匹克运动会。

5. 体育的科学化

现代体育的发展特征是科学化，当前体育发达的国家，都普遍重视体育科学研究，现代竞技运动水平在一定意义上可以说是科学技术的较量。以增强体质为目的的健身运动的兴起，促进了体育锻炼的科学研究，尽管许多人明白体育锻炼能增强体质，但对于如何进行体育锻炼、锻炼多长时间、多大负荷才能达到增强体质的目的，却很少有人能做出确切的回答，如果说传统体育给人们带来的是单纯的玩耍和游戏乐趣，现代体育则是人们在科学指导下，为增强体质、增进健康、丰富文化生活、实现自身全面发展而进行的一种特殊的社会实践活动。

三、《国家学生体质健康标准》的重要性

要树立"健康第一"的指导思想，充分认识《国家学生体质健康标准》（以下简称《标准》）对学校体育的影响及重要性，切实加强体育学习和锻炼。体育学习和锻炼放在应有位置上，充分认识到只有好的身体才能最大限度地发挥人才优势的重要性。不能只重视文化科目的学习，而忽视体质健康。《标准》为学生设立了不同的激励尺度，体现了评价不以鉴定和选拔为目的，注重激励和反馈的指导思想。这些举措的最终目标都是督促学生积极地参加体育锻炼，培养良好的锻炼习惯，通过不断的努力，提高身体健康水平。《标准》是对学生体质健康水平的评价，更是关系到学生能否正常毕业的一项重要指标。

四、大学体育的作用

（一）大学体育课程目标

体育教学课是一门以身体锻炼为主要手段，以增强学生体质健康为主要目标的课程，融合了运动生理和运动心理等多学科领域的有关知识。其在促进学生运动能力提高的同时，还有助于学生养成终身体育锻炼的意识和行为习惯，并获得心理和情感上的满足，实现身体、心理和社会适应能力的全面健康发展。

（二）大学体育课程的意义

合理的体育课程把教、学、练统一起来，包含必修课、选修课、俱乐部体育活动课等多种类型，有利于实现体育多元化的教学目标，形成"课内外一体化"的体育课程体系。体育课是培养学生体育习惯、理念、技术的过程。课外体育活动是体育课的延伸，是学生自我教育的途径，是体育课的实践过程。

（三）大学体育课程内容的设置

体育课程内容设置力求开放、灵活、多样，并为师生留有足够的教学空间。教学内容体现以学生为主体，注重人文理念的渗透，把知识、学习、技能掌握、能力培养与情感体验有机组合起来。教学内容的选择与设计有利于学生合作学习、自主学习、拓展学习，进一步激发学生学习的愿望。

① 理论部分主要包括运动项目的技战术理论和其他运动知识、运动健身的原理与锻炼方法、运动损伤的预防与处理措施等更多可供选择的内容。师生可有选择地进行教学和自学，形式多样，突出理论教学的灵活性、实用性和针对性。

② 实践部分以运动项目为主，突出运动技能的学习和锻炼过程，在过程中把学习内容、锻炼方法、组织形式始终与提高学生的运动能力紧密结合，同时把《标准》的要求在体育教学内容中贯穿始终。

（四）大学体育课程评价体系

《标准》是以健康为主要评价指标的新的评价体系，它保留了部分身体素质的测试项目，增加了身体形态、身体机能的测试，在评价指标中充分考虑了个体之间的差异，对人的形态、机能发育和身体素质从整体发展的水平上加以评价，更加客观、科学、合理、全面。《标准》在身体形态、身体机能、身体素质等方面的测试和评价体系，让学生从真实的、客观的综合数据中看到自己的身体健康程度，促使学生重新审视自己与"健康"的差距，激发并唤醒学生的健康需要，使过去被动的体育锻炼和体育课学习,转为一种健身的需要,由被动变为主动,从根本上改变学生学习体育的态度。

因此,学生要积极参与课外体育活动,认真参加学校组织的《标准》的测试,响应"每天锻炼一小时,健康工作五十年,幸福生活一辈子"的号召,在思想上重视,并认真地付诸行动。

第二章

《国家学生体质健康标准》的项目、指标及运用

第一节 体育锻炼的生理学基础

运动的主体是人，人体由运动系统、消化系统、呼吸系统、泌尿系统、心血管系统、神经系统、内分泌系统、生殖系统和感觉器官构成，在人生的不同时期，在不同的环境条件下，选择不同的运动项目、运动方式和运动方案，对人体各器官系统产生的效果不同。了解人体各器官系统的结构与功能，了解运动对人体器官系统的正、负面影响，才能根据人体不同发展时期的特点，科学运动。

一、运动系统与运动

（一）运动系统的组成与功能

运动系统由骨、骨连结和骨骼肌组成，在神经支配下，肌肉收缩，牵拉其所附着的骨，以可动的骨连结（主要为关节）为枢纽，产生杠杆运动。

1.骨

（1）骨的形态与结构

正常人体共有206块骨，骨根据形态可分为长骨、短骨、扁骨和不规则骨，骨由骨膜、骨质和骨髓构成，骨膜上有血管和神经，血管内的血液为骨组织提供营养物质，神经则可传递骨表面刺激或损伤的痛觉信号，骨质可分为骨密质和骨松质，骨髓可分为红骨髓和黄骨髓，其中红骨髓具有造血功能。

（2）骨的理化特性

成年人骨中的有机物主要是蛋白质，约占骨重量的1/3，可以使骨具有一定的弹性和韧性，成年人骨中的无机物主要是磷酸钙、碳酸钙，约占骨重量的2/3，它们沉积在骨胶原纤维的周围，无机物使骨具有很大的硬度。骨在运动中充当杠杆的角色，具有支持体重、保护器官、造血等功能。此外，骨也是体内最大的钙、磷储存库。

2.关节

（1）关节结构

关节包括关节面、关节囊和关节腔等基本结构，还包括关节内外的韧带、关节内软骨等各种辅助结构。

（2）关节类型

人体有球窝、平面、椭圆、鞍状、滑车、车轴等各种类型的关节，不同类型的关节可以完成不同的运动。

（3）关节的运动

关节可以完成屈伸、外展、内收、旋转和环转等多种运动。

3.骨骼肌

（1）骨骼肌的结构与功能

骨骼肌由中部的肌腹（骨骼肌细胞）和两端的肌腱（排列紧密的胶原纤维）构成，里面有丰富的血管和神经。骨骼肌是人体运动的动力来源，骨骼肌的收缩与舒张可引起其附着的骨以关节为支点进行运动，并对血管具有按摩作用，可以促进血液循环。骨骼肌除具有一般感觉功能外，还具有本体感觉功能，能感受肌肉收缩时长度与力量的变化，及时调整运动动作。

（2）人体运动的主要肌群

运动肩胛骨的肌群：主要有位于胸前外侧的前锯肌、胸小肌和位于颈背部的斜方肌。

运动肩关节的肌群：屈肌群主要有胸大肌、三角肌前部、肱二头肌等胸、肩部肌群和上臂前肌群；伸肌群主要有背阔肌、三角肌后部、肱三头肌等肩、背部肌群和上臂后肌群。

运动肘关节的肌群：屈肌群主要有肱肌、肱二头肌、肱桡肌等上臂肌群和前臂前肌群；伸肌群主要有肱三头肌和肘肌等上臂后肌群。

运动腕关节的肌群：屈肌群主要有前臂前肌群；伸肌群主要有前臂后肌群。

运动髋关节的肌群：屈肌群主要有髂腰肌、股直肌、缝匠肌等骨盆与大腿前肌群；伸肌群主要有臀大肌、股后肌群等骨盆后外侧与大腿后肌群。

运动膝关节的肌群：屈肌群主要有股后肌群和小腿三头肌等小腿后肌群；伸肌群主要有股四头肌。

运动踝关节的肌群：屈肌群主要有小腿三头肌等小腿后肌群；伸肌群主要有

胫骨前肌等小腿前肌群。

运动脊柱的肌群：屈肌群主要有胸锁乳突肌、腹肌等；伸肌群主要有斜方肌、竖脊肌、臀大肌等。

（3）肌肉的物理特性

伸展性与弹性。伸展性是指在外力作用下，肌肉可以被伸展拉长的特性，弹性是指除去外力后可恢复原长度的特性。肌肉伸展性越好，关节运动幅度越大。肌肉弹性越好，收缩时的弹性回缩力越大，肌肉的力量越大。

黏滞性。肌肉收缩与舒张时，肌纤维内部分子间会因摩擦产生阻力，肌肉的黏滞性大，工作时易拉伤，且妨碍肌肉的快速收缩与舒张。黏滞性受温度影响，温度升高，黏滞性降低，肌肉的收缩速度快，且不易拉伤。运动前应做好充分的准备活动，使体温升高，以降低肌肉的黏滞性。

（二）运动对身体的影响

1.运动对骨的影响

（1）促进骨的生长发育

在运动过程中，骨承受的各种运动负荷的刺激，有利于骨的增长。在运动过程中，血液循环加快，可保证骨的营养供给，促进新陈代谢，促进骨的生长发育。在进行户外运动时，阳光中紫外线的照射，有助于人体对钙的吸收，这对儿童少年骨骼的生长发育特别有帮助。

（2）提高骨的力学性能

经常参与体育运动，可使骨在形态结构方面获得良好变化，使骨的抗压、抗弯、抗折断和抗扭转等力学性能得到提高。

（3）不良运动对骨的负面影响

持续、过量的运动负荷，可能会使骨骼疲劳，形成疲劳性骨折，过早地从事大强度负重练习，可能会使骨过早钙化，影响骨的正常发育。

2.运动对关节的影响

（1）增强关节的稳固性

经常运动可使关节周围的肌肉力量增强，关节软骨和关节囊增厚，韧带增粗，关节的稳固性增强。

（2）增大关节的运动幅度和灵活性

经常参加体育锻炼，可使肌肉力量增强的同时伸展性提高，从而使关节的运动幅度增大、灵活性提高。

（3）不良运动对关节的负面影响

冲击性过大、持续时间过长的运动，可能会造成关节软骨的损伤，运动幅度过大、准备活动不充分或动作不合理，可能会造成关节周围软组织的损伤。

3.运动对骨骼肌的影响

（1）使肌肉体积增大

经常参加体育运动可以使肌肉体积显著增大，这种增大常以肢体的围度作为评定指标，系统地进行有氧运动可以使肌肉重量增加，肌力增大，为肌肉收缩提供更多的能量以适应耐力项目等有氧训练的需要。有氧运动可使肌纤维中的脂肪和肌膜上的脂肪相应减少，使肌肉收缩时的黏滞性减小，肌肉的收缩效率相应提高。

（2）使肌肉的结缔组织增厚

在运动过程中，肌肉收缩反复牵引能促使肌腱和韧带增厚，也会使肌外膜、肌束膜和肌内膜增厚，使肌肉变得坚实、抗张强度提高，从而增强肌肉的抗断（拉伸）能力。

（3）使肌肉的化学成分发生变化

经常进行运动，能提高肌肉的收缩能力。运动可使肌红蛋白增加，酶活性提高，氧化供能的能力增强。运动可使肌糖原含量增加，使肌肉储能能力提高。

（4）不良运动对骨骼肌的负面影响

运动幅度过大、准备活动不充分或动作不合理都可能造成肌肉拉伤，从事不适应的运动或运动中肌肉以离心收缩为主时，则会出现肌肉酸痛的现象。

二、呼吸系统与运动

（一）呼吸系统的组成与功能

如图2-1所示，呼吸系统由呼吸道与肺组成，呼吸道包括鼻、咽、喉、气管

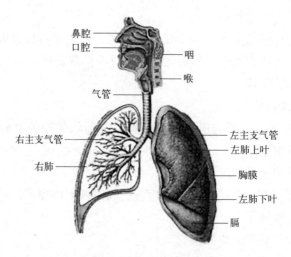

图2-1 呼吸系统的组成

和支气管。呼吸道的主要功能是运输气体，肺的功能是进行气体交换。

1.鼻、气管和支气管等器官

这些器官的内腔面由具有纤毛的上皮构成，形成呼吸的第一道屏障，具有湿润、加温和净化空气的功能。

2.肺

肺位于胸腔内，呈圆锥形，上部是肺尖，下部是肺底，肺由50～80个肺小叶组成。肺泡与肺泡周围毛细血管之间有气血屏障，可限制细菌、异物进入血液。

（二）运动对呼吸系统的影响

1.长期坚持合理运动的正面影响

（1）可使呼吸肌得到发展

胸围增大，呼吸深度加大。

（2）安静时的呼吸次数减少

肺活量增大，肺通气量增大。

（3）组织利用氧的能力增大

能适应和满足运动对呼吸系统的需求。

2.过量运动的负面影响

研究表明，过量运动会导致负荷强度过度增加，而随着负荷强度的增加，呼吸膜的厚度会发生从正常到增厚，再到变薄，最后直到破裂的变化，呼吸膜最终将失去呼吸作用。

三、心血管系统与运动

（一）心血管系统的组成与功能

心血管系统由心脏与血管组成，在人体内构成一个封闭的管道系统，其作用是运输氧、营养、激素等物质到组织器官，将组织器官在代谢中产生的二氧化碳等废物排出体外。

1.心脏

心脏是血液循环的动力器官，通过心脏的舒缩推动，血液在心血管系统中周而复始地流动。

2.动脉

动脉是运送血液离心的血管，动脉自心脏发出，经反复分支，血管口径逐步变小，数目逐渐增多，最后分布到全身各组织内。

3. 静脉

静脉是引导血液回心的血管，静脉在其行进中逐步汇集成为大的静脉，进入心房。

4. 毛细血管

毛细血管是连接小动脉与小静脉之间的微细血管，是血液与组织之间进行物质交换的场所。

（二）血液循环

血液循环是指血液从心脏出发，经动脉及其分支到达全身各组织器官的毛细血管进行物质与气体交换后，经各级静脉返回心脏的周而复始的流动过程。血液循环包括体循环与肺循环。

1. 体循环

体循环指心脏与全身各组织器官之间的血液循环，血液在毛细血管处完成与组织之间的物质交换。

2. 肺循环

肺循环指心脏与肺之间进行的血液循环，在肺部毛细血管中的二氧化碳与肺泡中的氧气进行交换，使静脉血变成动脉血运回心脏。

（三）运动对心血管系统的影响

经常从事体育运动的人，心血管系统会获得良好的发展，表现为心脏动员迅速、效率高、储备大、恢复快，血管的弹性好、缓冲血压的能力强。

1. 动员快

在比赛或运动开始时，经常运动的人，心脏能很快地通过心收缩力的增加和心跳的加快适应运动的需要。

2. 效率高

在进行相同负荷量的运动时，经常运动的人心脏的反应小，能以较少的心跳次数保证运动的需要，在负荷增大时，能最大限度地动用心力储备。

3. 储备大

（1）心肌收缩能力储备

经常从事力量项目训练的人，心肌纤维增粗，心肌层增厚，心肌收缩力增强，经常从事耐力项目训练的人，心腔容积扩大，心舒期回心血量增多，心缩力增强，每搏输出量增大。

（2）心力储备

经常从事有氧运动的人，安静时的心率减少，运动时心率上升的幅度增大，心力储备大。

4.恢复快

运动结束后,经常从事运动的人心率能很快恢复至安静时的水平。

5.对血管的影响

(1)动脉

动物实验表明,运动使动脉管壁的中膜增厚,平滑肌细胞、弹性纤维增多,口径增粗。

(2)毛细血管

运动可使毛细血管数量增加,行程迂曲,分支吻合增加,有利于器官的供血。

6.超大负荷运动的负面影响

超大负荷的运动会造成心肌纤维中线粒体损伤,供能不良,还会造成肌节变长或变短,肌丝断裂,心肌收缩力下降,出现一系列不良反应。

四、神经系统与运动

(一)神经系统的组成与功能

神经系统由中枢神经系统与周围神经系统组成,中枢神经系统包括位于颅的脑和位于椎管的脊髓,周围神经系统包括与脑相连的12对脑神经和与脊髓相连的31对脊神经。神经系统主要有以下几方面的功能。

1.协调各器官系统的功能活动

神经系统借助感受器,接受体内、外各种刺激,引起人体产生各种相应的反应,并能协调各器官系统的活动,使人体成为完整的有机体。

2.提高人体的适应能力

神经系统使人体能适应内、外环境的变化,并能最大限度地改造自然环境。

3.形成语言能力与抽象思维

语言能力和抽象思维的培养需要长期的学习和实践。语言能力,可以通过大量阅读、写作、口语练习等方式来提高。抽象思维,可以通过一些具体的训练和活动来提高。培养语言能力和抽象思维的过程也是相互促进的,通过使用语言进行抽象思维的训练,可以更好地加深对语言的理解和运用。

(二)反射与反射弧

1.反射

反射是神经系统的基本活动方式,是指在中枢神经系统的参与下,机体对内、外环境变化的刺激产生的有规律的应答反应,它可分为两类:先天由种族遗传的非条件反射和后天在个体生活中获得的条件反射。

2. 反射弧

反射弧是完成反射活动的结构基础，包括感受器、传入神经、神经中枢、传出神经和效应器5部分。

（三）运动对神经系统的影响

1. 神经元形态结构的改变

运动时，多种感受器接受刺激，使感觉中枢接收的信息增多，同时运动中枢也不断地发出大量的信息支配肌肉活动。经常参加运动，在大量传入与传出信息的作用下，中枢神经元发生形态结构的改变。由于血液循环改善，神经元得到充分的营养供给，这为神经元形态结构的改变提供了物质基础。

2. 提高神经系统的灵活性与均衡性

人体的各种运动动作都是在神经系统的支配下完成的。在完成短时间周期性运动项目（例如短跑）的过程中，神经中枢的兴奋与抑制快速交替，动作的频率越快，神经系统的灵活性越高。在完成长时间周期性运动项目（例如长跑）的过程中，神经中枢长时间保持兴奋与抑制交替，这能提高神经过程的均衡性。

五、能量供应与运动

体育锻炼所需要的能量来自营养物质的化学能，但营养物质不能直接为细胞提供能量。它储存的能量必须经过释放，转变成含有高能磷酸键的化合物后才能被细胞利用。在体内只有三磷酸腺苷（ATP）可以作为肌肉收缩的直接能源。肌肉中的ATP的含量很少，只有不停地合成ATP才能满足肌肉收缩的需要，在进行体育锻炼时，人体体内代谢过程大大加强，能量消耗增加，各器官系统功能增强。为保持运动的持续性，人体还需要其他的供能方式，在人体内有两种方式可以合成ATP：一种是在无氧条件下产生ATP，称为无氧供能；另一种需要氧的参与，称为有氧供能。

（一）无氧供能

无氧供能包括在无氧或氧供应不足情况下高能磷酸化合物（ATP和磷酸肌酸）分解供能和糖酵解供能。前者称为非乳酸供能，后者称为乳酸供能。

乳酸作为一种重要的能量来源，运动时乳酸的大量产生可以迅速提供能量，满足肌肉细胞的能量需求，使得运动可以持续进行。

乳酸的积累可导致疲劳，乳酸供能是速度耐力等体能的基础。人在从事时间较长、运动强度大的身体活动时，乳酸供能比例较大。短时间、大强度运动则主要由非乳酸供能。

（二）有氧供能

在氧供应充足的条件下，糖类（葡萄糖或肌糖原）和脂肪被氧化成二氧化碳和水，并释放出大量的能量，这一过程称为有氧供能。有氧供能可以释放大量的能量，供二磷酸腺苷（ADP）合成ATP。除糖类和脂肪可氧化供能外，蛋白质也可氧化供能，但比例较小。

运动初期，糖类是主要的供能物质，随着时间的延长和脂肪供能比例的增加，蛋白质也参与供能。有氧供能是耐力运动的基础，无氧供能和有氧供能是人体在不同运动强度下，根据需氧量的不同，所表现出的两种供能方式。二者紧密相连，不可分割，只是比例有所不同而已。如持续时间在10秒以内的最大强度运动几乎完全依靠无氧供能，持续几十分钟甚至几小时的运动，有氧供能占主导地位；而在800米跑中，有氧供能和无氧供能的比例相差不大。

（三）能源物质的消耗与补充

1. 糖类和脂肪的供能特点

糖类和脂肪是运动中合成ATP的主要来源，因为糖类可以进行无氧酵解和有氧代谢，而脂肪仅能进行有氧代谢，不同运动中二者的供能比例不同。例如，运动初期或时间短、强度大的运动，主要消耗的是糖类，因为这时主要是无氧代谢过程，而对于时间长、强度较小的运动，脂肪的消耗（供能）比例增加，蛋白质也将参与供能。马拉松跑等长时间持续运动的后期，约有80%的ATP来源于脂肪的氧化。要消耗体内的脂肪，应进行强度不大，但持续时间较长的运动。

2. 运动后能量物质的恢复

运动时，人体体内代谢过程加快，为了满足运动时能源的需要，运动中及运动停止后需要不断补充与恢复能量物质，能量物质的恢复过程大致可以分为以下三个阶段。

（1）第一阶段

在运动进行的过程中，恢复过程就已开始，这时机体一边进行锻炼消耗，一边进行能量物质的恢复补充。但由于锻炼中消耗较多，此时的恢复跟不上消耗的量，因此能量物质储备逐渐下降。

（2）第二阶段

运动结束后，体内能量物质的消耗逐渐减少，而恢复过程却不断加强，锻炼中消耗的能量物质不断得到补充，直至恢复到锻炼前的水平。

（3）第三阶段

超量恢复阶段，即能量物质恢复到原水平时并未停止，而是继续恢复补充。运动后的一段时间内，能量物质的恢复可超过原来储备的水平，比锻炼前能量物质的储备量还要多。超量恢复是预防未来重复较大运动负荷时能源物质被再次耗尽的一种保护机制。一段时间后，能量物质的储备又回到原来的水平。

第二节　身体成分的测试方法解析

一、身体成分检查

身体成分检查，也称为身体组成分析或体成分分析，是评估人体内部不同组织类型（如脂肪、肌肉、水分、骨骼等）的比例和分布的一种方法。这种检查通常使用特定的设备或技术来测量身体内的各个成分，从而提供关于个体健康状况、营养状态、体能水平等方面的信息。

身体成分检查的主要目的有如下几个。

1. 评估健康状况

通过了解身体各成分的比例，医生或营养师可以判断个体是否存在健康问题，如肥胖、营养不良、肌肉减少等。

2. 制订个性化营养计划

基于身体成分分析的结果，营养师可以为个体制订更精确的营养计划，以满足其特定的营养需求。

3. 监测健身进展

对于健身爱好者来说，身体成分检查可以帮助他们了解肌肉和脂肪的变化情况，从而监测健身进展。

二、身体质量指数

身体质量指数（Body Mass Index，BMI）是一个国际上常用的衡量人体胖瘦程度以及是否健康的一个标准。它主要通过计算人体的体重（千克）与身高（米）的平方的比值来确定。

1. BMI的计算公式

$BMI = 体重 / 身高^2$

2. BMI的范围

体重过低：BMI低于18.5

正常：BMI在18.5至23.9之间

超重：BMI在24至26.9之间

肥胖：BMI大于或等于27

3. BMI的作用

BMI虽然是一个简单且常用的指标，但它并不能完全反映一个人的健康状况。在评估个人的健康状况时，除了BMI之外，还需要考虑其他因素，如腰围、体脂率、身体活动水平、饮食习惯等。BMI指数见表2-1。

表2-1　BMI指数

BMI分类	WHO标准	亚洲标准	中国参考标准	相关疾病发病的危险性
体重过低	<18.5	<18.5	<18.5	低（其他疾病危险性增加）
正常	18.5～24.9	18.5～22.9	18.5～23.9	平均水平
超重	≥25	≥23	≥24	增加
肥胖前期	25.0～29.9	23～24.9	24～26.9	增加
Ⅰ度肥胖	30.0～34.9	25～29.9	27～29.9	中度增加
Ⅱ度肥胖	35.0～39.9	≥30	≥30	严重增加
Ⅲ度肥胖	≥40.0	≥40.0	≥40.0	非常严重增加

注：WHO——世界卫生组织。

三、身体成分测定方法

身体成分的测定方法比较多，比较常见的有如下几种。

1. 水下称重法（水浸法）

通过测量身体在水中的浮力来评估身体组成，利用身体脂肪和肌肉在水中的不同浮力来区分它们。

2. 电阻抗法

通过测量人体对电流的传导能力来评估身体成分。这种方法通过在身体上放置电极并测量电流通过身体时的电阻来进行。它可以测得细胞外液、细胞内液、体内总水分、体脂肪、体蛋白、肌肉、瘦体重、矿物质等多种人体成分数据，并推算出脂肪百分比、肥胖程度、BMI等多项指标。

3. 皮褶厚度法

通过测量身体不同部位的皮褶厚度来评估身体脂肪含量。这种方法通常使用专用的皮褶厚度测量仪器进行。

4. 双能X射线吸收法（DEXA）

使用X射线技术来测量骨骼密度和身体脂肪含量，能提供非常准确的结果。

5. 空气置换法（空气位秤法）

利用空气位秤来测量身体的体积，从而计算出身体的密度和脂肪含量。

6. 近红外线吸收法

通过测量身体对近红外线的吸收来评估身体成分。

7. 三维人体扫描法

利用三维扫描技术来获取身体各部分的尺寸和形状，进而分析身体成分。

四、身体成分分析仪

身体成分分析仪是一种用于测量人体成分健康指数的仪器。它通常由专业测试仪主机、专业咨询管理软件、彩色打印机等设备构成。这种仪器可以测量体重、肥胖度、身体年龄、基础代谢量、肌肉量、骨骼量、脂肪率、内脏脂肪水平、锻炼模式等多项健康指数，有效指示身体健康状况。

身体成分分析仪的工作原理基于生物电阻抗分析法、多频生物电阻抗分析法等，这些方法通过测量身体对电流的传导能力来评估身体成分。此外，还有DEXA（双能X射线吸收法）等更高级的技术，也能够提供非常准确的身体成分数据。

使用身体成分分析仪测试时，需要按照仪器的指示进行操作。首先，确保仪器的电源线插入电源插座，并按下电源按钮启动仪器。然后，脱去鞋袜，取下身上的金属物品，以避免对测量结果产生干扰。接下来，按照仪器的指示擦拭身体的测量电极，确保电极处于干净和干燥的状态。之后，坐在仪器的座位上或者站在仪器的扶手上，保持平稳，并根据仪器的指示将双手或双脚放在设备的电极上。完成测量操作后，仪器会自动进行分析和计算，并在屏幕上显示测量结果。

第三节 心肺系统机能的测试方法解析

一、心肺系统机能

心肺系统机能是指机体心脏的泵血功能及肺部吸氧功能的总称。这两个功能对于维持人体的正常生命活动至关重要。

心肺系统机能的评估可以通过多种方式进行，包括临床症状、运动耐量、血清学检查等。在医学上，心肺功能的评估还包括心电图、心脏彩超、心脏血管检查以及肺部CT检查、肺功能测定等。

在日常生活中，保持适当的运动习惯，如进行有氧运动（如跑步、游泳等），有助于提高肺活量，增强心脏泵血能力，从而改善心肺系统机能。同时，保持健康的生活方式，如合理饮食、充足睡眠、避免吸烟和饮酒等，也有助于维护心肺健康。

二、测试方法

在大学体质测评中,台阶实验是一种常用的心肺功能评估方法。台阶实验主要通过测量受试者在一定时间内完成台阶上、下运动后的心率恢复情况,来评估其心肺功能水平。

根据受试者的身高和性别,选择合适的台阶高度。一般来说,男性使用高度为40厘米的台阶,女性使用高度为35厘米的台阶。台阶实验的具体操作步骤如下。

1. 准备阶段

测试前,受试者需进行轻度准备活动,如伸展运动等,以避免运动损伤。同时,测试者应向受试者解释测试目的、方法和注意事项,确保受试者了解测试要求。

2. 进行测试

受试者按照每两秒钟上、下一次台阶的节奏,连续进行3分钟的台阶踏跳。在测试过程中,测试者应观察受试者的动作是否规范,并及时提醒受试者保持正确的运动节奏。

3. 恢复期测量

测试结束后,受试者应立即坐下并安静休息。测试者分别在运动后1分钟至1分半钟、2分钟至2分半钟、3分钟至3分半钟这三个时间段内,测量受试者的脉搏次数。这些数据将用于评估受试者的心肺功能恢复能力。

通过台阶实验,可以了解受试者的心肺功能状况,为其制订个性化的运动计划和健康指导提供依据。

需要注意的是,台阶实验虽然简单易行,但在进行前需要确保受试者没有心脏疾病或其他严重健康问题,并且在实验过程中需要保持正确的运动姿势和频率,以确保测试结果的准确性。此外,如果受试者在实验过程中出现任何不适或异常情况,应立即停止实验并寻求医疗帮助。

三、评分标准

大学体质测评中的台阶实验评分标准通常根据性别有所不同,以下是一种常见的评分标准。

1. 男生评分标准

① 67分以上为优秀。

② 53~65分为良好。

③ 46~52分为及格。

④ 45分以下为不及格。

2. 女生评分标准
① 60分以上为优秀。
② 49～59分为良好。
③ 42～48分为及格。
④ 41分以下为不及格。

第四节　力量素质的测试方法解析

一、力量素质

力量素质是指人的机体或机体的某一部分肌肉工作时克服内外阻力的能力。这种能力可以体现在多个方面，包括肌肉力量、骨骼力量和心肺功能等。

力量素质按肌肉工作方式可分为静力性力量和动力性力量。静力性力量是指肌肉做等长收缩时产生的力量，肢体不产生明显位移；动力性力量是指肌肉做等张收缩时产生的力量，肢体产生明显位移。动力性力量又包括重量性和速度性力量。

力量素质是人体进行体育运动的基本素质之一，是获得运动技能和取得优异运动成绩的基础，同时也是其他身体素质发展的重要因素。在体育运动中，力量素质对于提高运动表现、预防运动损伤等方面都具有重要作用。

二、测试目的

力量素质的测试目的主要在于评估和了解个体的肌肉力量水平。通过测试，可以获取个体在克服内外阻力时肌肉工作的具体数据，进而分析出其在力量方面的优势和不足。

1. 评估个体的运动能力

力量素质是体育运动中的基础素质之一，对于提高运动成绩和竞技水平具有重要作用。通过测试，可以了解个体在运动中的力量表现，从而评估其运动能力。

2. 监测训练效果

在训练过程中，通过定期进行力量素质的测试，可以了解训练的效果，为训练计划的调整提供依据。如果力量素质有所提高，说明训练计划有效；如果力量素质没有提高或下降，则需要调整训练计划。

3. 预防运动损伤

力量素质的不足可能导致运动损伤的发生。通过测试，可以及时发现个体在力量方面的不足，从而采取相应的措施进行纠正和训练，降低运动损伤的风险。

三、练习方法

1. 负重抗阻练习

这是力量训练的基本方法，可以使用杠铃、哑铃、壶铃等器材进行练习，也可以通过举重、推举、深蹲等方式来增加肌肉负荷，提高肌肉力量。

2. 对抗性练习

如双人推、拉等动作，一方用力拉，另一方用力推，通过互相对抗来锻炼肌肉力量。这种练习方法不仅可以锻炼肌肉力量，还可以提高身体的协调性和平衡性。

3. 克服弹性物体的练习

如使用拉力器、橡皮带等器材进行练习，通过克服弹性物体的阻力来锻炼肌肉力量。这种练习方法可以帮助提高肌肉的耐力和爆发力。

4. 克服外部环境阻力的练习

如沙滩跑、爬山等户外运动，通过克服外部环境的阻力来锻炼肌肉力量。这种练习方法不仅可以提高肌肉力量，还可以增强心肺功能和耐力。

第五节 耐力素质的测试方法解析

一、耐力素质

耐力素质是指机体在一定时间内保持特定强度负荷或动作质量的能力。这种能力体现在不同专项对运动时间的规定性，即机体能够在一定的时间段内保持一定的运动强度或动作质量。耐力素质的提高表现为更长时间保持特定强度或动作质量，或在一定时间内承受更高强度的能力。

对于长距离走、跑、骑、游、滑、划等竞速项目来说，耐力素质是决定运动员竞技能力高低的主导素质，对运动员总体竞技水平起着决定性的影响。对于足球、羽毛球、水球、拳击、摔跤等持续竞技时间较长的运动项目来说，耐力素质对运动员比赛结果也有重大影响。即使是比赛时间很短的竞技项目，运动员也需要发展相应的耐力素质，以便坚持和承受不断加大的训练负荷，并保证以充沛的体力参与竞技比赛。

二、测试目的

1. 评估健康状况

耐力素质是反映大学生体质健康水平的重要指标之一。通过耐力素质的测试,可以全面了解大学生的身体状况和健康水平,为科学制订体育锻炼计划和健康促进策略提供依据。

2. 促进健康养生意识

通过耐力素质测试,大学生可以更加关注自己的身体健康状况,提高健康养生意识,从而在日常生活中更加注重体育锻炼和健康饮食,形成健康的生活方式。

3. 提升运动能力

耐力素质是体育运动中不可或缺的重要素质之一。通过耐力素质测试,可以了解大学生在运动中的表现能力,发现存在的问题和不足,进而有针对性地进行改进和提升,提高大学生的运动能力和竞技水平。

4. 预防和减少运动损伤

耐力素质不足可能会增加运动损伤的风险。通过耐力素质测试,可以及时发现大学生在耐力方面的不足,进而进行针对性的锻炼和训练,增强身体的适应能力和抗疲劳能力,预防和减少运动损伤的发生。

5. 推动全面发展

耐力素质的测试不仅关注大学生的身体健康状况,还反映了大学生的心理品质和意志品质。通过耐力素质测试,可以培养大学生坚韧不拔、顽强拼搏的精神品质,推动大学生的全面发展。

三、练习方法

1. 长跑

长时间、低强度的持续跑。这种练习方法有助于增强心肺功能,提高有氧耐力。

2. 间歇训练

间歇训练是一种高强度、短时间的训练方法,如400米全力冲刺后慢跑或走400米恢复,再重复进行。这种方法既可以提高有氧耐力,也可以提高无氧耐力。

3. 爬山或爬楼梯

爬山或爬楼梯,都是增强耐力素质的好方法。这些活动不仅锻炼心肺功能,还锻炼了下肢肌肉力量。

4. 跳绳

跳绳是一种简单有效的耐力训练方法。它不仅可以提高心肺功能,还可以锻炼协调性和下肢肌肉力量。

5. 自行车骑行

骑自行车可以根据自身体能状况调整骑行速度和距离。

第六节　柔韧性素质的测试方法解析

一、柔韧性素质

柔韧性素质主要是指人体各个关节的活动幅度以及肌肉、肌腱和韧带等软组织的伸展能力。柔韧性差的人，可能会影响掌握动作技能，还会限制力量及速度、协调能力的发挥，甚至可能造成肌肉、韧带损伤。

二、测试目的

1. 评估学生体质健康水平

柔韧性是评价学生体质健康的重要指标之一。通过柔韧性测试，可以了解学生在关节活动幅度以及肌肉、肌腱和韧带等软组织的伸展能力方面的状况，从而全面评估学生的体质健康水平。

2. 促进学生体育锻炼

柔韧性测试可以鼓励学生更加积极地参与体育锻炼，特别是针对提高柔韧性的运动，如瑜伽、舞蹈、拉伸等。这些运动不仅可以帮助学生提高柔韧性，还能改善身体的协调性、平衡性和整体健康水平。

3. 预防运动损伤

良好的柔韧性可以减少运动损伤的风险。通过柔韧性测试，学生可以了解自己的柔韧性状况，从而在日常锻炼和运动中注意保护关节和软组织，避免过度拉伸或扭伤等损伤。

4. 提高学生自我认知

柔韧性测试可以帮助学生更加了解自己的身体状况和体能水平，从而制订更加科学合理的锻炼计划。同时，学生还可以根据测试结果调整自己的饮食和生活习惯，促进身体健康发展。

5. 为教学提供参考

柔韧性测试的结果可以为体育教师提供教学参考，帮助他们更好地了解学生的体能状况和锻炼需求，从而制订更加符合学生实际的教学计划和教学方法。

三、练习方法

1. 压腿

压腿有正压腿和侧压腿两种方式。正压腿可以锻炼腿部以及腰部的肌肉，拉伸韧带。侧压腿则是将一条腿向侧面抬起,用手臂或身体其他部位去尽量接触抬起的脚尖,这样可以拉伸腿部的侧面肌肉和韧带。

2. 瑜伽

瑜伽是一种通过体位练习、伸展和深呼吸来提高身体柔韧性和平衡能力的综合性运动。瑜伽中的许多动作都可以有效地拉伸身体的各个部位,提高身体的柔韧性。

3. 静态伸展

选择适当的伸展动作,如坐姿前屈、站姿大腿后伸等,保持拉伸姿势10～30秒,可以促进肌肉和关节的伸展,并逐渐增加伸展的幅度和深度。

4. 动态伸展

动态伸展是一种较快的连续性动作,如高抬腿、蹬墙腿伸展、臀桥等,可以动态地拉伸肌肉和关节,预热身体并准备运动。

5. 深层组织按摩

深层组织按摩可以通过压力和推拿等手法来松解肌肉和筋膜的紧张状态,促进血液循环,减少肌肉的僵硬感,并增加肌肉和关节的运动范围。

第三章 大学生体质健康管理的策略

第一节 体育锻炼的基础与评价体系

一、体育运动的心理学因素

1. 体育与智力

正常的智力是人们从事各种活动最基本的心理条件，学习效率是由大脑高级神经系统决定的。经常从事体育活动和身体锻炼，可促进新陈代谢，提高神经系统的活动能力，增强呼吸系统和心血管系统的功能，使大脑供氧充分，进而使记忆力增强，思维更加敏捷灵活，学习效率提高。

2. 体育与情绪

情绪是因人的自然需要是否得到满足而产生的一种体验，情绪几乎参与人的所有活动，对人的行为活动起着很大的调节作用。良好的情绪对人的行为具有积极作用，而消极的情绪不但会影响人的正常学习工作，还会对人的身体和心理产生许多不良影响。长时期的情绪压抑、忧虑和紧张，还可导致疾病。

经常参加体育锻炼，可使机体产生极大的舒适感，人可以在各种运动项目中感受运动的美感、力量感和韵律感，从而陶冶情操、开阔心胸，激发出自信心和进取心，形成豁达、乐观、开朗的良好心境。

3. 体育与人格

人格也称个性，体育教学的功能之一，就是帮助学生形成正确的世界观和人生观，以及健康、积极、进取向上的人格。在体育竞赛中，取胜催人奋发向上，有利于健康向上个性的形成，而失败也是对人格的考验，可以让学生明白"重要的是参与，而不是取胜"，让他们能挖掘失败中的有利因素，看到成功的希望。体育运动能提高学生的心理耐挫水平，使学生能正确地面对和处理各种挫折和困难，形成高尚的人格和独特的个性。

4.体育与意志

意志指人们自觉地确定目的，根据目的支配和调节自己的行动，并克服各种困难，最终实现预定目的的心理过程。受意志支配的行动，称为意志行动。人的行动主要是有意识、有目的的行为，人在从事各种实践活动时，通常是先根据自己对客观规律的认识，在头脑中确定行动目的，然后再选择实现这一目的的方法，并克服各种困难，最终达到预期目的。

只有加强素质训练才能更熟练地掌握运动技术动作，意识到这一点后会自觉地确定素质训练的目的，并制订训练计划，按照计划一步一步地进行训练，最终较好地提高运动素质水平，从而提高运动技术水平。

良好的意志品质是在后天的生活实践中，在教育过程中逐渐形成的，只有经过长期磨炼，才可能逐渐形成良好的意志品质。意志是人意识的能动性，是主观见之于客观的心理过程，能充分地表现出一个人的立场、观点、信念和认知水平。培养良好的意志品质应当从世界观教育着手，还要提高认知，发展情感，加强锻炼，并把教学过程与有目的地培养意志品质的过程统一为整体。

5.体育与心理素质

心理素质主要包括自信心、勇敢精神、竞争意识、意志力、自制力和自我心理调节能力等。对于体育而言，意志坚韧顽强是十分重要的，参加体育活动既是对身体的锻炼，又是对意志的考验。锲而不舍，勇于拼搏，是体育精神的充分体现。要让学生通过参加体育活动，体验运动的乐趣，展示自己的风采。

二、体育运动动机及培养

（一）体育运动的动机

体育运动动机是促进个体参与体育运动的心理动因或内部动力，它引起并维持个体的体育运动，进而将体育运动导向一定的目标，体育运动动机是个体的内在过程，其作用是引起和发动个体的体育运动，指引个体选择体育运动的方向，调节个体的体育运动。

（二）体育运动动机的产生

1.内在需要

人们参与体育运动的内在需要主要包括生理、心理和社会三个方面的需要。

（1）生理方面的需要

参加体育运动是出于保持身体健康，增强体质，提高力量、速度、耐力素质，解除脑疲劳，促进和保持良好睡眠的需要。

（2）心理方面的需要

参加体育运动是为了调节和控制情绪、保持良好的精神状态、提高注意力、锻炼意志力、培养开朗的性格、养成文明健康的生活习惯等。

（3）社会方面的需要

参加体育运动是为了扩大社交范围、增强集体凝聚力、提高竞争能力和社会适应能力。

2.外部诱因

外部诱因是指能激起人们参与体育运动的外部原因，它是引起体育运动、满足个体需要的外在刺激，这些刺激包括物质因素和精神因素，统称为环境因素。环境因素有很多，如优良的体育设施器材、教师的表扬或批评、同伴之间的情绪感染、考试分数、竞赛的奖励（精神的奖励和物质的奖励）等。

体育运动动机多由内在需要和外部诱因相互影响、交互作用而产生。人出生后就有体育运动的需要，随着年龄的增长，在学校教育的影响下，少年儿童有了对某项体育运动的兴趣，这时主要是强烈的需要产生动机，为了满足需要，他们积极参与体育运动。也不应忽视环境因素的影响，如教师的优美示范、学校的传统优势项目、学校的运动竞赛等都可能诱发个体已有的需要，从而使其产生体育运动动机，最终引发外显行为。

（三）体育运动动机的培养

1.树立正确的价值观

价值观是一个人对周围客观事物的评价和态度体现，决定着一个人对该事物的态度和行为，对学生进行体育运动价值观教育，使其树立正确的价值观十分重要。体育教育可以使学生了解体育运动对增强体质的作用，了解体育运动对其全面发展的意义，提高其对体育的认识水平。

2.目标设置

在体育教学训练过程中，要为练习者确定一定的目标，如跑、游泳的距离，体操动作的次数和质量等，当这种目标转化为练习者的内在需要时，练习者就会使练习经常处于自己的意识控制之下，这能提高练习者的努力程度和动机水平，调动其积极性。

3.积极反馈

反馈是学生通过对技能操作或学习结果的评定和自我知觉了解自己学习的情况，并对以后的行为进行调节的过程。在技能练习过程中，反馈的无论是正确的动作信息，还是错误的动作信息，都有利于练习者坚持目标或修正目标，反馈是最有益的动态调节信息，有利于激发学生坚持目标和努力的想法，使已有动机得到强化。

4.情境创设

情境具有诱发动机的功能，学生在体育教师设计的情境中进行学习或锻炼时，由于情境的不同，效果会有很大差异。即便是同一教材内容，教师组织教法丰富多变、新颖，则学生就会感到有趣，愿意学；反之，学生就可能不感兴趣，不愿意学。教师应创造问题情境，引起期待心理，满足学生的好奇心，诱发其学习和锻炼的内驱力很重要。

第二节　体质健康管理

一、体质健康管理的原则

大学生体质健康管理是确保学生身心健康发展的重要工作，涉及学生的身体状况、运动能力、营养摄入、心理健康等多个方面。体质健康管理的主要原则如下：

1. 健康优先原则

学生的健康是第一要务，所有的管理措施都应以学生的身心健康为出发点和落脚点。这意味着，无论在学习、生活还是娱乐活动中，都要优先考虑学生的健康状况，避免过度压力和不良习惯对学生健康造成影响。

2. 整合资源原则

充分整合学校、家庭和社会等各方资源，为学生提供全方位的健康管理服务。学校应提供优质的体育设施和健康课程，家庭应营造良好的生活环境，社会应提供健康的生活方式和习惯示范。

3. 预防为主原则

重视健康教育和健康促进工作，将预防放在首位，减少疾病发生。通过健康教育，让学生了解健康的生活方式、饮食习惯、运动方式等，从而预防各种慢性疾病和不良生活习惯对身体的影响。

4. 个性化原则

针对不同学生的不同健康需求，提供个性化的健康管理服务。每个学生的身体状况、健康状况和生活习惯都不同，因此需要为他们提供个性化的健康管理方案，以满足他们的实际需求。

5. 可持续发展原则

积极培养学生养成良好的生活习惯和健康管理意识，实现健康管理制度的可持续发展。通过长期的健康教育和健康管理，让学生形成健康的生活方式，提高他们的健康素养，从而实现健康管理制度的可持续发展。

二、定期体检与健康评估

1. 定期体检

大学生可以通过定期的身体检查,及时发现潜在的健康问题,并采取相应的干预措施,以确保身心健康。定期体检的内容通常包括以下几个方面。

(1) 一般体格检查

包括身高、体重、血压、心率、呼吸等基本生命体征的测量,以及视力、听力等感官功能的检查。这些检查有助于了解学生的基本身体状况,判断是否存在超重、肥胖、高血压等常见健康问题。

(2) 实验室检查

通过血液、尿液等样本的化验,了解学生的生化指标,如血糖、血脂、肝肾功能等。这些指标可以反映学生的代谢状况、营养状况以及是否存在潜在疾病的风险。

(3) 影像学检查

如心电图、B超等,可以评估学生的心脏、肝脏、胆囊等器官的功能和结构,有助于发现潜在的心血管疾病、肝胆疾病等。

(4) 心理评估

了解学生的心理健康状况,包括情绪状态、压力水平、焦虑抑郁等。通过心理评估,可以及时发现学生的心理问题,并提供相应的心理支持和干预措施。

2. 定期健康评估

定期健康评估是确保大学生身心健康的重要措施,通过系统、全面的评估方法,监测身体状况、生活方式、心理状态等,为健康干预提供科学依据,促进学生全面发展。定期健康评估的实施方法有以下几种。

(1) 制订评估计划

根据学生的年龄、性别、专业等特点,制订合适的评估计划,明确评估内容、评估频率和评估方式。

(2) 选择评估工具

根据评估内容选择合适的评估工具,如问卷、量表、仪器等,确保评估结果的准确性和可靠性。

(3) 实施评估

按照评估计划实施评估,确保评估过程规范、科学、公正。

(4) 分析评估结果

对评估结果进行分析和整理,找出学生的健康问题和风险因素,并制订相应的干预措施。

（5）反馈评估结果

向学生及其家长反馈评估结果和干预措施，帮助学生了解自身健康状况，提高健康意识。

第三节 个性化运动计划的制订

一、个性化运动计划的制订原则

大学生在制订个性化运动计划时，应遵循以下原则以确保计划的有效性和安全性。

1. 目标明确

在开始制订运动计划之前，首先要明确自己的运动目标，例如减肥、增肌、提高心肺功能等。明确的目标有助于更有针对性地选择运动方式和制订计划。

2. 个性化

运动计划应该基于个人的身体条件、健康状况、运动经验和兴趣来制订。不同的人有不同的需求和限制，因此个性化的计划更能满足每个人的需要。

3. 循序渐进

运动计划的安排应该循序渐进，逐步提高运动强度和难度。这样可以避免运动伤害，让身体有足够的时间去适应新的运动负荷。

4. 多元化

在制订计划时，可以考虑引入不同类型的运动方式，如有氧运动、无氧运动、拉伸训练等，以确保全身都得到充分的锻炼，促进身体素质的全面发展。

5. 可持续性

运动计划应该是可持续的，即能够在长期内坚持执行。因此，在制订计划时，要考虑到自己的时间安排、经济能力等因素，确保计划能够长期实施。

6. 灵活性

运动计划应该具有一定的灵活性，以适应个人生活和学习中的变化。当遇到特殊情况时，如生病、考试等，可以适当调整计划，以确保计划的顺利执行。

7. 安全性

在制订计划时，要考虑到运动的安全性，避免选择过于激烈或危险的运动方式，确保在运动过程中不会受伤。同时，要注意运动前后的热身和拉伸，以减少运动伤害的风险。

二、个性化运动计划的制订方法

大学生制订个性化运动计划可以按照以下步骤进行：

1. 自我评估

大学生制订个性化运动计划时需要了解自己的身体状况、健康状况、运动经验和目标，这有助于确定适合自己的运动类型和强度。如果有任何慢性疾病或健康问题，最好先咨询医生或听从专业健身教练的建议。

2. 选择运动方式

根据你的目标和身体状况，选择适合的运动方式。这可能包括有氧运动（如跑步、游泳、骑自行车）、力量训练（如举重、引体向上）、柔韧性训练（如瑜伽、普拉提）等。同时还要考虑兴趣和喜好，选择让自己感到愉快并愿意长期坚持的运动。

3. 制订运动计划

制订一个详细的运动计划，包括每周的运动次数、每次运动的时间、运动项目的选择和运动强度等。

4. 设置阶段性目标

将长期目标分解为短期阶段性目标，将有助于保持动力并监控自己的进步。

5. 考虑饮食和休息

运动计划不仅涉及运动本身，还包括饮食和休息，确保饮食计划能够支持运动目标，提供足够的营养和能量，合理安排休息时间，确保身体有足够的时间来恢复和适应新的运动负荷。

6. 寻求专业指导

如果不确定如何制订运动计划或需要更专业的建议，可以寻求专业健身教练或体育教师的帮助，他们可以根据具体情况和需求提供更个性化的指导和建议。

第四节　合理饮食与营养摄入

一、合理饮食

大学生的合理饮食应该注重全面均衡、总量适度，从而可以保持健康的身体状态，提高学习效率和生活质量。

1. 全面均衡

饮食应该包括各种食物，如蔬菜、水果、全谷类、蛋白质来源（如瘦肉、鱼、豆类、坚果和种子）以及低脂奶制品，这样可以确保获得身体所需的各种营养素。

2. 总量适度

避免暴饮暴食，保持适当的饥饿感。根据个人的身高、体重和活动水平，确定适当的热量摄入。同时，注意避免摄入过多的糖分、饱和脂肪和盐。

3. 三餐合理

建立规律的饮食习惯，包括早餐、午餐和晚餐。早餐是一天中最重要的一餐，应该包含足够的蛋白质和碳水化合物，以提供上午所需的能量。午餐应该吃饱，以满足下午的学习和活动需求。晚餐则应该控制食量，避免过饱或摄入过多的高热量食物。

4. 多样化食物选择

尝试不同的食物和口味，以获得更多的营养素和乐趣。同时，注意食物的搭配和烹饪方式，以最大限度地保留食物的营养价值。

5. 增加膳食纤维的摄入

多吃富含膳食纤维的食物，如蔬菜、水果、全谷类和豆类。膳食纤维有助于维持肠道健康，预防便秘和其他消化问题。

6. 控制零食摄入

尽量选择健康的零食，如水果、坚果和酸奶。避免过度依赖高热量、高脂肪和高糖的零食，以免对身体健康造成不良影响。

7. 合理安排饮水

保持充足的水分摄入对于身体健康至关重要。每天应该喝足够的水，特别是在运动或高温环境下。同时，避免过度饮用含糖饮料和咖啡因含量高的饮品。

二、营养摄入

大学生应注意合理搭配饮食，确保每天摄入足够的碳水化合物、蛋白质、脂肪、维生素和矿物质等，而且要在保持充足的水分摄入的前提下控制盐、糖的摄入量。

1. 碳水化合物

作为主要的能量来源，大学生应确保每天摄入足够的碳水化合物。建议选择全谷类、糙米、燕麦等富含纤维的碳水化合物来源，而不是过度依赖加工精细的白面包、白米饭等。

2. 蛋白质

蛋白质对于维持肌肉、骨骼和免疫系统的健康至关重要。大学生应确保每天摄入足够的蛋白质，可以选择瘦肉、鱼、禽类、豆类、坚果和种子等作为蛋白质来源。

3. 脂肪

虽然脂肪是能量密集的营养素，但大学生应注意选择健康的脂肪来源，如橄榄油、鱼油、坚果和种子等富含不饱和脂肪的食物。同时，应避免摄入过多的饱和脂肪和反式脂肪。

4. 维生素和矿物质

维生素和矿物质对于维持身体健康和正常生理功能至关重要。大学生应确保每天摄入足够的蔬菜和水果，以获取足够的维生素和矿物质。此外，钙、铁、锌、硒等微量元素对于大学生的健康也非常重要，应适当补充。

5. 膳食纤维

膳食纤维有助于维持肠道健康，预防便秘和其他消化问题。大学生应多吃富含膳食纤维的食物，如蔬菜、水果、全谷类和豆类。

6. 水分

保持充足的水分摄入对于身体健康至关重要。大学生应每天喝足够的水，特别是在运动或高温环境下。同时，避免过度饮用含糖饮料和咖啡因含量高的饮品。

7. 控制盐和糖

过多的盐和糖摄入会对健康造成不良影响。大学生应减少盐和糖的摄入量，尽量选择低盐、低糖的食物和饮品。

8. 规律饮食

建立规律的饮食习惯有助于维持身体健康和正常生理功能。大学生应每天按时吃饭，避免暴饮暴食或过度饥饿。

第五节　充足休息与良好睡眠

一、充足休息

只有保持良好的休息状态，才能更好地应对学习和生活中的挑战，实现个人的全面发展，充足的睡眠对于人体是至关重要的。

1. 身心健康

充足的休息有助于恢复体力和精力，从而保持良好的身体状态。长期缺乏休息会导致疲劳、免疫力下降，甚至可能引发各种健康问题，如失眠、头痛、消化不良等。

2. 提高学习效率

大学生在学习过程中需要集中注意力、思考问题和记忆知识，如果缺乏充足的休息，会导致注意力不集中、思维迟缓、记忆力下降等问题。相反，充足的休息可以让大脑得到充分的休息和恢复，从而提高学习效率。

3. 增强创造力

充足的休息可以激发大学生的创造力。在休息的过程中，大脑会进行信息的整合和加工，产生新的想法和创意。这对于大学生在学术研究和创新实践中取得成果具有重要意义。

4. 维持良好的情绪状态

充足的睡眠有助于维持大学生的情绪稳定。当身体得到充分的休息时，人们更容易保持愉悦、积极的情绪状态，更好地应对生活中的挑战和压力。

5. 提高生活质量

充足的休息有助于大学生提高生活质量。在休息的过程中，人们可以放松身心，享受闲暇时光，与家人和朋友共度美好时光。这有助于增强大学生的幸福感和满足感，提高整体生活质量。

二、良好睡眠

要保持良好的睡眠质量，需要从多个方面入手进行调整和改善。通过建立良好的睡眠习惯、创造舒适的睡眠环境、注意饮食和运动、放松身心以及注意睡眠卫生等方法，可以有效提高睡眠质量，保障身心健康。

1. 建立良好的睡眠习惯

① 设定并坚持固定的作息时间，尽量保证每天在同一时间上床睡觉和起床，即使在周末或假期也要尽量保持一致。

② 避免在床上进行与睡眠无关的活动，如看电视、玩手机等，以建立床与休息之间的紧密联系。

2. 创造舒适的睡眠环境

① 保持寝室的安静、整洁和温暖，避免噪声和强光的干扰。

② 选择适合自己的床垫、枕头和被子，保证床铺的舒适性和支撑性。

③ 保持室内通风良好，将温度控制在适宜范围。

3. 注意饮食和运动

① 避免在睡前摄入过多的咖啡因和刺激性食物，如咖啡、茶、巧克力和辛辣食物等。

② 晚餐尽量不要吃得过饱，避免消化不良影响睡眠。

③ 适当进行运动，如跑步、瑜伽、打太极等，有助于释放压力、改善心情和提高睡眠质量，但注意不要在睡前进行剧烈运动。

4. 避免过度使用电子设备

① 在睡前尽量避免使用电子设备，如手机、电脑等，因为它们屏幕发出的蓝光会抑制褪黑激素的分泌，影响睡眠质量。

② 如果必须使用电子设备，可以考虑使用滤光眼镜或调整屏幕亮度等方法来减少蓝光的影响。

5. 应对睡眠障碍

① 如果出现入睡困难、早醒等睡眠障碍，可以尝试改变睡眠习惯或寻求专业帮助。

② 在必要时，可以在医生指导下使用助眠药物来改善睡眠质量。但请注意，长期使用助眠药物可能会产生副作用和依赖性，因此应谨慎使用。

第六节　科学的体育锻炼与评价

科学的体育锻炼是指按照人体发展的基本规律，合理地进行体育锻炼。参加体育锻炼，必须遵循一定的原则，这样才能达到促进身体生长发育、改善和提高各器官系统的功能、提高身体素质、增强体质的目的；不遵循体育锻炼的基本原则，不但不能获得良好的锻炼效果，还有可能造成运动损伤，损害人体健康。

一、体育锻炼的相关概念

1. 运动量

运动量是指运动的负荷量，即人体在运动中所完成练习的强度、密度和时间。

2. 运动强度

运动强度是指单位时间内的运动量，通常用心率或血乳酸来衡量。

3. 运动密度

运动密度是指单位时间内的练习数量，通常用练习间隔时间来衡量。

4. 极点与"二次呼吸"

在进行剧烈运动时，由于在运动开始阶段内脏器官的机能增强不能满足运动器官的需要，人体往往会有一种非常难受的感觉，此时会感到呼吸困难、肌肉酸痛、动作迟缓、精神低落，甚至不愿再继续下去。这种状态叫"极点"，"极点"出现后，应该继续坚持运动，减速并加深呼吸，各种不良感觉会逐渐消失，动作就会逐渐轻松协调，运动能力又会慢慢恢复，这种现象称为"第二次呼吸"。

5. 有氧运动

人体需氧量和吸氧量达到动态平衡的运动称为有氧运动，在进行有氧运动锻炼时，体内不产生乳酸堆积。心率、心输出量和肺通气量等保持稳定状态，可持续运动时间较长，此过程可以消耗较多脂肪，并能提高心血管机能。

6. 最大心率

最大心率是指达到最大运动强度时的心率，最大心率随年龄的逐渐增长而减少，一般可以用"220-年龄"来推算。

7. 靶心率

通常将以心率作为指标设定的强度称为心率强度，以心率强度设定的心率则称为靶心率或目标心率。靶心率是目前国际上通用的确定运动强度的最好方法之一，可以用下式进行计算：

$$靶心率 = （最大心率 - 安静心率） \times （0.6 \sim 0.8） + 安静心率$$

对于体质较弱的人群，如儿童、中老年人可采用下式进行计算：

$$靶心率 = （最大心率 - 安静心率） \times 0.5 + 安静心率$$

8. 极限运动

极限运动是指能够激发人体最大潜力，使人的生理和心理承受能力得到最大限度发挥的运动，如蹦极、攀岩、登山、跳伞等。极限运动具有挑战自我、冒险性、刺激性、创造性等无穷的魅力，参与极限运动能够帮助人们重新认识自我，挖掘自身潜力，并唤起人们面对困难和挑战的勇气。

二、体育锻炼的基本原理

体育运动是一个确有实效，而又能不断提高身体能力的实践活动，体育锻炼是人们进行的合理、有效的身体活动，而要使这种身体活动合理和有效，就必须了解体育锻炼的基本原理。

1. 刺激与适应性的改变

体育锻炼实际上就是对身体施加的一种运动刺激，在运动的刺激下，机体会产生多种反应，并且随着刺激次数的增加、时间的延续、负荷量的增大与强度的增强，人体在形态、机能、素质等方面均会产生适应性变化。

2. 运动疲劳与恢复

体育锻炼的过程就是运动疲劳和休息恢复的过程，运动中只有出现疲劳，才可能通过休息使体力得以恢复，进而提高身体对疲劳的耐受力。在长跑锻炼中，一个人在开始的一段时间里跑一段就会感到体力不支，而通过一段时间的锻炼后持续跑了比较长的距离仍不会感到疲劳，这种现象在运动生理学中叫作"超量恢复"。超量恢复是指通过一定量与强度的运动刺激使机体出现疲劳，而在休息之后机体的代谢能力与体力状况可以恢复到比运动前更高的水平，人的各种运动素质与体能就是经过多次这种超量恢复之后不断提高的。

3. 能量消耗与补充

运动必然要消耗体内更多的能量物质，所以运动后必须注意营养物质的补充，才能使体内的机能代谢逐步提高到新的水平。这样不仅能够加强人体对营养物质的吸收和利用，也可为体质的增强提供充分的物质保障。

三、体育锻炼的原则

体育锻炼的原则是体育锻炼过程中客观规律的反映，是练习者从事体育锻炼实践、达到理想效果所必须遵循的原则，只有科学地理解和遵循体育锻炼的原则，有效地锻炼，才可使体育锻炼获得最佳效果。

（一）从实际出发原则

从实际出发原则是指锻炼身体应从个人的实际情况和外界环境条件出发，确定锻炼目的，选择适宜的运动项目，合理安排运动时间和运动负荷，这是增强身体素质及提高运动水平必须遵循的原则。

1. 锻炼者的自身情况

人体生理结构虽然基本相同，但由于年龄、性别、身体功能、基本活动能力等存在差异，还需要考虑到个人的锻炼基础、锻炼条件不同，由此随着锻炼过程的发展，机体产生的影响也会不同。在选择确定锻炼的内容、方法、负荷时，必须根据个人的实际情况，考虑到兴趣、爱好等。

2. 外界环境的变化

进行体育锻炼时，要根据地理环境、气候条件、季节、场地、器材等外界条件，按照科学锻炼的方法，选择适合自身的锻炼方法，才能收到良好的锻炼效果，如在冬季应着重发展身体的耐力和力量素质。

（二）循序渐进原则

循序渐进原则是指体育锻炼必须根据人体身心发展规律，在锻炼的内容、方法、运动负荷等方面逐步提高，使机体功能不断得到改善。循序渐进是人体适应环境的基本规律，人体对内外环境变化的适应是一个缓慢的由量变到质变的过程，只有遵循这个规律，才能取得良好的锻炼效果。

1. 运动负荷循序渐进

进行体育锻炼时，当机体对一定运动负荷产生适应后，这种负荷对机体的刺激就会变小，可以适当增加练习时间和练习次数，让机体产生新的适应，但运动负荷的增加要由小到大，逐步提高。体育锻炼的开始阶段或中断锻炼后恢复锻炼时，强度宜小，时间宜短，不要急于求成。

2. 练习内容循序渐进

练习内容要由简到繁，在动作要求上应由易到难，逐步加大难度，应首先考虑简单易行、容易收到锻炼效果的项目和内容，在每次练习时，也应先从动作简单、强度不大的内容开始练习，然后逐渐增加动作难度和运动负荷。

3.锻炼过程循序渐进

每次锻炼前要做准备活动，锻炼后要做整理活动，如长跑前先进行10分钟慢跑，长跑后也不要马上停下来，可以通过走路等方式放松。

（三）持续性原则

人体机能水平的提高，各种运动能力及素质的发展，运动技能的形成与巩固，不是一朝一夕或短时间锻炼就能产生的，而是长期坚持锻炼的结果。所以培养终身体育意识，养成良好的锻炼习惯，使身体锻炼生活化是贯彻持续性原则的关键。

（四）全面性原则

全面性原则是指采用各种运动形式、内容、方法和手段，对人体各组织、器官、系统和心理产生全面的良性影响，使人体得到全面协调的发展，消除薄弱环节。

1.锻炼的部位要全面

人体是有机的整体，各组织、器官和系统之间相互联系、相互制约，身体运动的主要目的是促进机体整体协调发展，提高整体的健康水平。

2.锻炼的项目内容要全面

大学生在体育锻炼过程中应结合自身特点，选择1～2项体育运动项目为主要目标，辅以其他锻炼内容为补充，既保证各项运动对身体素质发展的独特性，又可以避免锻炼局限于身体的某个部位。例如选择长跑锻炼，可以再结合瑜伽、普拉提等，肌肉力量训练后辅助一些球类运动，使身体得到全面锻炼。

（五）自觉性原则

自觉性原则指身体锻炼是出自锻炼者内在需要的自觉行动，锻炼在于自觉，锻炼者应把锻炼的目的、动机和树立正确的人生观联系起来。这样有助于形成或保持身体锻炼的兴趣，调动和发挥更大的主动性和积极性。

贯彻自觉性原则应注意以下几点：一要做到自觉锻炼，明确锻炼目的；二要充分认识体育锻炼的特点和作用；三要经常检验锻炼的效果。

四、体育锻炼计划

每个参加体育锻炼的人都应当根据自身条件、环境条件制订锻炼计划。以达到预期的锻炼效果。

（一）体育锻炼计划的制订

对于大学生而言，体育锻炼计划一般可分为年度锻炼计划、学期锻炼计划和周锻炼计划。

1.年度锻炼计划

年度锻炼计划以达到《国家学生体质健康标准》某个级别为长远目标，也可以预防某些疾病、矫正某种身体畸形或提高整体健康水平为目标，具体锻炼内容可根据年度目标而定，一般可采用健身走、健身跑、武术、健美操等锻炼方式。

2.学期锻炼计划

学期锻炼计划的任务和要求要根据年度锻炼计划并结合学期学习任务和季节特点而定。学期锻炼计划中的锻炼内容可从年度锻炼计划中选定。

3.周锻炼计划

周锻炼计划内容要具体明确，如学习有关跑步、球类等基本知识、技术，发展某种身体素质，培养特定思想、意志品质和心理素质等。

（二）制订体育锻炼计划的注意事项

体育锻炼计划的制订要从个人的体质、学习、生活等实际条件出发，按照学校规定的作息时间和规章制度进行安排。

（1）每次锻炼内容的选择与确定很重要

锻炼内容必须切合实际，才能保证计划顺利进行。锻炼内容的确定除了要考虑到个人体质、健康状况和兴趣爱好外，还要充分考虑到场地、器材和气候等因素。

（2）体育锻炼要长计划、短安排

进行体育锻炼要有一个总体设想和总目标，根据这一总目标确定每学期的具体指标，这样便于总结提高。具体计划安排可以周锻炼计划为主，按实际情况随时进行调整，以适应不断发展的需要。在制订体育锻炼计划时。必须全面贯彻体育锻炼的原则，同时做到简单、具体、实用、重点突出。

（3）每次锻炼的安排应从锻炼者当时的身心状况出发

锻炼应注意科学性。速度、灵巧性练习安排在前，力量练习安排在后；运动量小、强度小的练习安排在前，运动量大、强度大的练习安排在后；技术性练习要由简到繁，由易到难。同时，还要注意上肢和下肢练习的搭配。每次锻炼时，要先做好准备活动，然后进行主要项目的练习，最后进行整理活动。

（三）一次锻炼课的计划

一次锻炼课通常分三部分进行，即准备部分、锻炼部分和结束部分。在不同的锻炼阶段，这三部分的时间划分各不相同，以健身为目的的锻炼者总运动时间为30～45分钟。

在早期准备部分时间要长些，一般为10～15分钟，锻炼部分20～25分钟，结束部分5～10分钟。

在中期和后期，准备部分5～10分钟，然后进入主项运动（即锻炼部分），最后5分钟为整理活动。

各部分锻炼内容各有所侧重，并且运动负荷量的分配也不同。准备部分的作用是使机体组织"暖和"起来，使身体逐渐适应强度较大的运动，以免因心、肺等内脏器官和骨骼关节不能适应强烈运动而发生运动伤害事件。一般可采用活动强度小的步行、伸展性体操或太极拳等锻炼方式。

锻炼部分也称为基本部分，其内容是运动处方的主项运动欲达到的目标。耐力运动项目要达到一定的心率水平，并要求至少维持12分钟，主项运动的运动强度一般为最大能力的40%～60%。同时，还要求达到一定活动范围的肌力训练，其训练强度为最大能力的80%左右。

结束部分是指在训练结束后，要使高负荷活动的机体逐渐安静下来，不要突然停止运动。此时血液仍大量集中于四肢，若突然停止运动，会使回心血量锐减，可能会出现"重力性休克"，即由于每搏输出量不足引起脑贫血而发生休克症状。这时，通常可做一些放松式体操、散步或自我按摩等运动，达到使机体逐渐恢复到安静时状态的目的。

五、体育锻炼效果的自我评价

体育锻炼效果的自我评价是指锻炼者运用简单的医学方法，对自己的锻炼状况进行检查和评定。通过自我评价，可以间接地衡量运动的强度和密度安排是否合理，并根据机体的反应判断体育锻炼效果，以便及时调整体育锻炼计划，合理安排运动量。

（一）主观感觉

1. 一般感觉

一般感觉通常有感觉良好、感觉一般和感觉不良三种情况。

感觉良好是指锻炼者精神饱满、心情愉快、全身无不适感觉，锻炼后能坚持长时间的学习和工作，且效率较高。

感觉不良是指在体育锻炼中出现精神萎靡不振，全身有不同程度的疲劳，肌肉酸痛，四肢无力，心情烦躁，容易激动，不能坚持锻炼等现象。严重者有头昏头痛、食欲减退、恶心呕吐、心慌气喘、失眠和多梦等症状。

感觉一般是指锻炼反应和感觉平淡。在锻炼过程中，如果出现不同程度的疲劳，是正常反应，一般在较短的时间内就可恢复。有一定疲劳才会有超量恢复，人的体质就是从一次次的疲劳和一次次的超量恢复中增强起来的。

2. 食欲

体育锻炼能刺激唾液和胃液的分泌，可增加食欲，提高消化系统的功能，有利于营养物质的消化和吸收。在锻炼中要注意保持运动量三要素（即频率、强度、时间）适当。否则在一段时期内会持续出现食欲缺乏，甚至厌食的状况。这是体育锻炼运动负荷过大或健康状况不佳的反应。

3. 睡眠

睡眠是休息的深度状态，体育锻炼能提高睡眠的质量。人的一生有1/3的时间是在睡眠中度过的，睡眠的情况直接关系到身体的健康。一个人如果体育锻炼后入睡快、睡得香，睡醒后感觉身心舒畅、精力旺盛，工作、学习效率高，说明体育锻炼的运动量三要素安排适当。如果入睡慢、易醒、多梦，睡眠后还有疲劳感，则说明体育锻炼的运动量三要素安排不当。根据自我监督的原则，此时应对体育锻炼内容做适当的调整，必要时还可暂停一段时间再进行适当的运动。

4. 运动心情

心情是人对自己的需要与客观事物之间关系的反映，当客观事物能满足身体的需要时，人便产生愉快、高兴等心情。反之，就会出现郁闷、烦躁等心情。体育锻炼不仅能缓解人们日常生活、工作、学习中的压力，而且能增强人体的活力。

当心情不佳或不想锻炼时，可对自己的体育锻炼计划进行适当的调整。这是因为当人体处于疲劳或过度疲劳状态时，心情会受到影响，如果不及时调整有可能达不到增强体质的目的。

5. 学习效率

适度的体育锻炼能使人在学习过程中思想集中、记忆清晰、思维敏捷、求知欲旺盛。反之，学习时心神不定、记忆力衰退、缺乏兴趣、信心不足、学习效果不佳等则是不健康的表现。出现这些状况时，要根据自己的身体状况对运动量做适当的调整。

（二）客观检查

客观检查是对身体的观察和测定，以及对一些机能指标的检查，包括脉搏、呼吸频率、肌力、排汗量、进食、营养等，锻炼者应学会用这些客观指标来指导自己的体育锻炼。

1. 脉搏

脉搏是客观检查中很重要的一项指标，是体育锻炼的指南。通常通过触摸腕部桡动脉的跳动可以测定人体的脉搏。人体每分钟的脉搏次数称为脉搏率，一般脉搏率等于心率，正常人的脉搏率为60～100次/分。脉搏率低于60次/分为心动过缓，高于100次/分为心动过速。老年人脉搏率偏低，一般为55～80次/分。正常人的脉搏应规律、整齐、强弱一致。掌握了脉搏的基本规律就可用它来监督自己的体育锻炼。运动前脉搏率低于50次/分、高于100次/分或每搏间隔时间不等、强弱不一时，就应当到医院检查，待恢复正常后再进行体育锻炼。

在有氧的情况下，脉搏是检查心肌耗氧量的指标，根据体育锻炼时每分钟的脉搏次数还可以直接推算出运动时的耗氧量和运动量。按心率计算运动量，可分为大、中、小三种，其计算公式如下：

$$大运动量 = （最高运动心率 - 静息心率）\times 60\% + 静息心率$$
$$中运动量 = （最高运动心率 - 静息心率）\times 50\% + 静息心率$$
$$小运动量 = （最高运动心率 - 静息心率）\times 40\% + 静息心率$$

测定脉搏次数通常在体育锻炼前后进行，以便于比较。一般情况下，正常成年人心率恢复时间应在10分钟以内，心率恢复时间越短，表明心脏功能越好。若30分钟后还未恢复，说明心脏功能不良，有可能是运动量过大所致，也有可能是缺乏体育锻炼，身体机能水平降低所致。

自我心脏功能的测定方法很简单，可以用不同体位时心率的变化作为评判标准。测试者卧于床上，安静休息3分钟后测1分钟脉搏次数，然后起立，站1分钟后再测1分钟脉搏次数。将两次脉搏次数进行比较，若站立时每分钟脉搏次数比卧位时增加6～11次为心功能良好；增加12～20次为一般；增加20次以上为心功能较差。

2.呼吸频率

呼吸频率是指人体在安静时每分钟的呼吸次数，它是人体健康的重要标志。定期检查自己的呼吸频率，可以科学地控制体育锻炼过程。不同年龄的人，安静时呼吸的频率是不同的。一般成年人为12～18次/分，而经常锻炼者为8～12次/分。不锻炼者呼吸浅而快，有时可达32次/分，呼吸量约为300毫升；经常锻炼者呼吸深而缓慢，呼吸量可达600毫升。进行体育锻炼时，可根据这些指标科学地确定运动量。

3.肌力

肌力是指人体肌肉收缩力的大小，人的各种运动都离不开肌力。肌力取决于肌纤维的横截面积和神经系统兴奋时支配参加运动的肌纤维数量。经常锻炼者肌纤维增粗，骨骼结构的牢固度和各种肌肉群之间的协调配合能力也较高。

肌力包括握力、臂力、背力、腹肌力等。臂力可以用引体向上、双臂屈伸、俯卧撑、举重物等方式来评定。腹肌力可用仰卧起坐、悬垂收腹举腿等来评定。握力可用握力计测定，并用"握力指数"进行评定，一般来说，其数值相当于自身体重的1/2。测定背力可用如下方法：被测定者俯卧在床上或桌上，另一人压住被测定者的小腿，被测定者两手放于枕骨部，然后用力抬起躯干，脐部齐床边沿，躯干上部悬空，另一人记录其抬起时间，当被测定者躯干上部明显降低或近于平面时计时停止。评定时可参照下列标准：

男子30秒以上为良好；15～30秒为中等；15秒以下为差。

女子20秒以上为良好；10～20秒为中等；10秒以下为差。

4.排汗量

进行体育锻炼时体内会消耗多余的能量，体温会迅速升高，这时主要通过排汗来降低体温，调节人体机能。人体在静止时皮肤也有水分蒸发，称为稳性汗，每天约500毫升，一般人们不会注意到。进行体育锻炼时排汗量为500～1000毫升，运动量大时可达1500毫升。运动中的排汗量可用下列公式计算：

排汗量＝运动前体重－运动后体重＋饮水量和进食量－尿量和粪量

如体育锻炼过程中未进食、未饮水，也无大小便，则排汗量可按运动前后体重差数计算。从体育锻炼开始到开始出汗的时间一般为6～8分钟，如有大量出汗，则表明运动量过大或身体过度虚弱。气候炎热也是运动时大量出汗的原因，锻炼时可根据排汗量和时间进行客观检查，以便及时调整自己的锻炼内容和运动量。

5.进食

体育锻炼后不宜立即进食，应当有一定的时间间隔。饭前和饭后不宜进行较剧烈的运动。因为饭后体内大量血液聚于胃肠道，如果马上进行运动，会使参与胃肠道消化的血液又重新分配到全身的肌肉中去，从而影响胃肠道的消化和吸收功能。空腹时也不宜进行体育锻炼，因为饥饿时体内营养消耗较大，血糖降低，易头昏乏力，从而影响锻炼情绪和效果。

第四章 体育锻炼的原则与方法

第一节 体育锻炼的基本原理与原则

一、体育锻炼的基本原理

体育锻炼的基本原理是通过超负荷刺激和适应性反应来提高身体的运动能力和健康水平。在体育锻炼过程中需要注意疲劳与恢复的关系以及个体差异的影响,以确保体育锻炼的安全性和有效性。

1. 超负荷原理

超负荷原理指的是在体育锻炼过程中,必须给身体施加超出日常活动水平的负荷,即"超负荷"。这种超负荷可以是增加运动强度、延长运动时间或增加运动频率等。只有通过这种超负荷的刺激,身体的肌肉、心肺系统和神经系统等才能得到适当的训练,从而适应更高的运动需求。

2. 适应性原理

当身体受到超负荷刺激时,会启动一系列的适应性反应。这些反应包括肌肉力量的增强、心肺功能的提高、神经系统的优化等。通过长期的体育锻炼,身体会逐渐适应更高的运动负荷,从而使原有的极限水平得到提升。这种适应性变化是体育锻炼产生效果的基础。

3. 疲劳与恢复原理

在体育锻炼过程中,身体会产生一定程度的疲劳。这种疲劳是身体为了适应超负荷刺激而进行的自我保护机制。然而,过度的疲劳会导致身体机能的下降和损伤风险的增加。因此,在体育锻炼后需要给予身体足够的恢复时间,以便身体能够重新适应并恢复到最佳状态。

4. 个体差异原理

每个人的体质、健康状况和运动需求都不同，因此在进行体育锻炼时需要根据个人情况来制订个性化的训练计划。这包括选择合适的运动方式、强度和频率等，以确保体育锻炼的安全性和有效性。

二、体育锻炼的基本原则

体育锻炼的基本原则是体育锻炼过程中必须遵守的基本行动准则和要求。

1. 循序渐进的原则

体育锻炼不能操之过急，需要按照一定的步骤和过程进行。在锻炼的内容、方法、运动负荷等方面，应根据每个人的实际情况，由易到繁，运动负荷由小到大，逐步提高。

2. 持之以恒的原则

体育锻炼对人体的积极改造不是一朝一夕就能实现的，需要长期的、不间断的、持之以恒的坚持。只有坚持体育锻炼，才能保持和增强锻炼效果，避免"用进废退"现象的发生。

3. 全面锻炼的原则

体育锻炼应全面发展身体的各个部位和各个器官的机能，提高身体素质和基本活动能力。这要求选择能活动全身的运动项目，如跑步、游泳等，并在运动过程中辅之以其他项目，避免选择过分单一性的锻炼项目。

4. 安全性原则

在进行体育锻炼时，必须确保个人安全。这包括选择适合自己的运动项目、掌握正确的运动方法、遵循运动规则等。同时，在锻炼过程中要密切关注自身的反应，出现不适及时停止锻炼并寻求医疗帮助。

第二节 体育锻炼的方法

运动前的准备活动和运动后的放松对于保障运动效果、减少运动损伤、提高身体健康水平具有重要意义。因此，无论是专业运动员还是普通运动爱好者，都应该充分重视运动前后的准备和放松环节。

一、准备活动

准备活动可以用徒手体操的形式来开展。徒手体操是一项极为普及的运动，它是以不同的姿势、方向、路线、幅度、频率和节奏相结合而由身体各部位的各种动作组合成的各种单个动作或联合动作，并配合一定的节奏进行练习。徒手体操是准备活动的主要内容，其内容丰富、动作简单、形式简便、变化多样、运用广泛、效果良好，它不需要专门的器械设备，不受场地与气候的限制，不受性别、年龄与运动技术水平的约束。其动作有难有易，简便易行，运动量也便于调节，可以在原地进行，也可以在行进间进行。

（一）徒手体操的内容

头部的动作：屈、伸、绕、绕环。
臂部的动作：举、屈、伸、振、冲拳、绕、绕环、摆、推、波浪、撑。
腿部的动作：出、举、绕、绕环、屈、伸、摆、压、起、走、跑、跳。
上体的动作：绕、绕环、伸、转。
身体的基本姿势：立、弓步、蹲、跪、坐、团身、挺身、平衡、撑、劈腿、卧。
身体各部位的动作与身体姿势的组合练习。

（二）徒手体操组合动作

在体育教学的准备活动中，我们经常用到徒手的关节操有头部运动、扩胸运动、振臂运动、体转运动、体侧运动、腰部运动、弓步压腿、仆步压腿、膝部运动、跳跃运动等。可以针对这些需要热身的部位进行徒手体操的编排。

1. 头部运动

预备姿势： 分腿直立，两手叉腰。
第一个八拍动作：

1拍，头前屈。
2拍，头还原。
3拍，头后屈。
4拍，头还原。
5拍，头向右侧屈。
6拍，头还原。
7拍，头向左侧屈。
8拍，头还原。

第二个八拍动作：

1拍，向右转头。
2拍，头还原。
3拍，向左转头。

4拍，头还原。

5、6拍，头由前向左绕环一周。

7、8拍，头由前向右绕环一周。

2. 扩胸运动

预备姿势： 分腿直立。

第一个八拍动作：

1、2拍，双手臂屈肘，向后振动2次。

3、4拍，手臂侧平举，振臂2次。

5、6拍，同1、2拍。

7、8拍，同3、4拍。

第二、三、四个八拍动作同上。

3. 振臂运动

预备姿势： 分腿直立。

第一个八拍动作：

1、2拍，右手上举，振臂2次，左手于体侧。

3、4拍，交换另侧手臂重复动作。

5、6拍，同1、2拍。

7、8拍，同3、4拍。

第二、三、四个八拍同上。

4. 体转运动

预备姿势： 分腿直立。

第一个八拍动作：

1、2拍，双手臂屈肘于胸前平举，指尖相对，手臂带动腰部向左后扭转2次。

3、4拍，动作同上，方向相反。

5、6拍，同1、2拍。

7、8拍，同3、4拍。

第二、三、四个八拍同上。

5. 体侧运动

预备姿势： 分腿直立。

第一个八拍动作：

1拍，右脚向右侧迈一步，两臂侧平举。

2拍，身体向右侧弯曲，右手向右斜上方延伸。

3拍，同1拍，4拍同2拍，方向相反。

5、6、7、8拍，动作同上，方向相反。

6. 腰部运动

预备姿势： 分腿叉腰直立。

第一个八拍动作： 1~8拍，腰部向右画圈。

第二个八拍动作： 1~8拍，腰部向左画圈。

第三、四个八拍同上。

7. 腹背运动

预备姿势： 直立。

第一个八拍动作：

1拍，两臂向上伸展，掌心朝前。右腿支撑，左腿向后抬高。

2拍，两臂经体前落于平举。

3拍，同1拍，但左腿支撑，右腿向后抬高。

4拍，同2拍。

5拍，两臂向上伸展，掌心朝前，身体适当后屈。

6拍，双手扶膝盖，屈膝下蹲。

7拍，直立，体前屈，两手触地。

8拍，身体还原。

第二、三、四个八拍同上。

8. 转体运动

预备姿势： 分腿直立。

第一个八拍动作：

1拍，右脚向右侧打开，两手臂侧平举。

2拍，体前屈，左手摸右脚脚背。

3拍，右手摸左脚脚背。

4拍，身体还原。

5、6、7、8拍动作同1、2、3、4拍，方向相反。

9. 弓步压腿

预备姿势： 弓步准备。

第一个八拍动作： 右弓步。

第二、第三、四个八拍动作： 左弓步。

10. 仆步压腿

预备姿势：直立。

第一、二个八拍动作：右仆步。

第三、四个八拍动作：左仆步。

11. 膝部运动

预备姿势：并腿直立。

第一个八拍动作：

1～4拍，手扶膝盖膝关节向右画圈。

5～8拍，方向相反。

第二、三、四个八拍同上。

12. 跳跃运动

预备姿势：直立。

第一个八拍动作：

1拍，双脚跳开，双手胸前屈肘平举。

2拍，身体还原。

3拍同1拍，4拍同2拍。

5、6拍，双手上举，分腿跳起，还原。

7、8拍，双手上举至两侧平举，还原。

第二、三、四个八拍同上。

二、运动后的放松与按摩

热身运动是为了让运动者为训练和比赛做好准备，而运动后的放松运动同样重要。它能使运动者的肌肉得到恢复，身体恢复到放松状态。放松运动不仅能使肌肉恢复更快，还能降低训练中可能出现的肌肉痉挛和肌肉损伤。放松运动可以使血液循环加快，为肌肉细胞恢复正常的血流量、电解质、酶和营养平衡提供可能。放松运动能使运动产生的血液和肌肉中的乳酸恢复到训练前的正常水平，血液循环加快使氧和各种营养物质能够迅速进入血液和肌肉，同时排除废物，恢复体能。

1. 运动后放松的意义

① 使肌肉全面得到放松还原。运动后放松可以使肌肉全面得到放松还原，只有这样肌肉才会保持良好的机能，收缩有爆发力，抻拉有韧性，全面的放松可以达到肌肉最大的功效，表现能力超强。

② 提高肌肉放松能力和肌肉工作效率。肌肉放松能有效地增大肌张力，提高

柔韧性，增大动作幅度；肌肉放松能有效地增加收缩前的肌纤维长度，放松对抗肌群，提高肌纤维收缩速度，增大肌张力，提高柔韧性，增大动作幅度。

③有利于改善神经系统功能，加速运动技能的形成。减少大脑皮质的负担，加快大脑皮质中枢兴奋和抑制转换的灵活性，从而加速运动技能的形成，提高完成技术动作质量，并有利于提高动作速度，加大动作力度。

④能减少血液淤积，加速全身血液重新分配，促进乳酸排除，有助于疲劳的消除，加速肌肉机能的恢复。因为运动时血液主要分布于运动器官，以保证运动时能量代谢的需要，运动后如不做放松练习而突然停止不动，由于地心引力和静止身体姿势，严重影响静脉回流，使身体不适甚至休克。

⑤可以提高训练质量，对训练计划的进行是有力的保证。放松活动后能使心血管系统逐渐恢复正常，能减轻关节压力，可以松弛紧张情绪，使身体尽快恢复正常状态。

2. 运动后放松的方法

（1）慢跑类

运动结束后可以开始慢跑，一般应跑10～15分钟，跑得快慢应该控制在两人能够边跑边轻松聊天的速度为宜。这样一方面使运动者的心肺功能逐渐恢复到安静状态，有利于健康；另一方面通过这种有氧的运动，可使在运动过程中体内产生的乳酸得到排除。慢跑的方式不仅能够达到身体放松的目的，而且可以起到调节心理的作用。

（2）伸展类

①扩大身体的动作范围，使各处关节变得强韧、灵活，加强身体的柔韧性、灵活性和协调性。

②缓和肌肉的紧张程度使其由僵硬转为松弛，促进局部机体血液循环，改善机体疲劳。

③缓解内心压力，加强身体各处的供氧量，使身体和思维变得活跃、敏锐。

④使人的身体变得柔软、强韧，延缓人体老化。

⑤使人的身体和精神状态获得调整，倍感身心愉悦，从而变得自信，充满活力。

（3）徒手按摩类

按摩是一种良性刺激，一般来说，大强度短时间的按摩能提高兴奋性，小强度长时间的按摩能起到镇静作用。按摩能改善肌肉中的血液供应，加强疲劳肌肉中乳酸排除，提高肌肉的工作能力。运动后的按摩，主要是帮助运动员放松肌肉，消除疲劳，恢复体力，按摩时用力较重，时间也较长。先大肌肉群，后小肌肉群，在关节部位以揉为主。当赛后出现严重疲劳时，不能立即按摩，需要休息2～3小时，也可以洗完澡或晚上临睡前进行。

第三节 运动处方

一、运动处方的概念

运动处方是指由医生、康复治疗师、体育教师、社会体育指导员或私人健身教练等,根据患者或体育健身者的年龄、性别、一般医学检查、康复医学检查、运动试验、身体素质/体适能测试等结果,结合其健康状况、身体素质以及心血管、运动器官的功能状况,用处方的形式制订适合其个人的运动内容、运动强度、运动时间及频率,并指出运动中的注意事项。

运动处方具有针对性强、目的性强、计划性强、科学性强等特点,旨在科学地、有计划地进行康复治疗或健身,以提高身体机能、减少运动损伤、预防和辅助治疗某些慢性疾病等。

根据运动处方的作用和目的,大致可以将其分为三类:治疗性运动处方,以治疗疾病、提高康复效果为主要目的;预防性运动处方,以增强体质、预防疾病、提高健康水平为主要目的;健身、健美运动处方,以提高身体素质、运动能力、健美为主要目的。

二、运动处方的制订原则

1. 全面性原则

制订运动处方时,需要全面考虑个人的身体状况、年龄、性别、职业等因素,以确保处方的全面性和适用性。例如,年龄较大或身体有疾病的人不适合进行高强度训练,应该选择低强度、多次数的运动方式。

2. 科学性和针对性原则

运动处方要根据个人身体状况和运动需求选择合适的运动方式、强度、时间和频率,同时参考个体的检查情况和体育项目的测试数据分析,有针对性地制订出运动内容、锻炼时间、运动负荷、运动形式、调整计划等。

3. 循序渐进原则

增强体质、促进健康是一个循序渐进、逐步提高的过程,锻炼时必须根据自身的实际情况确定运动负荷的大小。一般运动负荷由小到大、运动强度由低到高、运动时间由短到长、运动次数由少到多,切勿急于求成、盲目从事。

4. 安全和有效性原则

运动时需要注意安全,避免发生意外。运动处方的制订和实施应使参加锻炼者或病人的功能状态有所改善。这要求处方的内容和强度需要根据个人的具体情况进行定制，以达到预期的效果。

三、运动处方的内容

1. 运动频率

建议每周进行多少次运动，如一周进行3次或更多次运动。运动频率的设定应根据个人的身体状况和运动目标来确定，确保运动的连贯性和效果。

2. 运动时间

建议每次运动的时间，如每次运动30分钟或更长时间。运动时间的设定应考虑到个人的运动能力和时间安排，确保运动的有效性和可持续性。

3. 运动形式

根据个人的身体状况和运动目标选择适合的运动形式，如有氧运动（如跑步、游泳、骑自行车等）、无氧运动（如举重、深蹲等）或混合性运动等。运动形式的选择应考虑到个人的运动能力和兴趣，确保运动的安全性和有效性。

4. 运动目标

明确运动的目的和目标，如减肥、增强体质、改善心肺功能等。这是制订运动处方的前提和基础，也是指导运动处方制订的方向。

5. 运动强度

建议运动的强度等级，通常以心率、谈话和自我感觉劳累程度为调节指标。运动强度的设定应根据个人身体状况和运动目标来确定，避免过度训练导致身体损伤或疲劳。

6. 休息时间

建议每次运动后休息的时间和方式，如静坐、拉伸肌肉等。适当的休息有助于身体恢复和减少运动损伤的风险。

第四节　运动前的准备活动

准备活动是指为了更好地进行较大运动量和高强度的体育锻炼或比赛前所进行的各种有目的的身体练习，目的是预先动员人体的功能能力，缩短进入工作状态的时间，为运动中发挥出最大工作效率做好功能准备。准备活动以短时间低强度的动作为主，让运动时将要使用的肌肉群先行收缩活动，以增加局部和全身的温度以及血液循环，使体内的各种系统，包括心血管系统、呼吸系统、神经肌肉系统及骨骼关节系统等能逐渐适应即将面临的较激烈的运动，预防运动伤害的发生。

一、准备活动概述

1. 准备活动的分类
（1）全身性的准备活动

全身性的准备活动比如快步走、慢跑、跳绳、各种健身操等。这些全身性的准备活动，可以使全身大部分肌肉群都参与活动。

（2）特定部位的准备活动

特定部位的准备活动是指根据某项运动的特殊需要，较有选择性地活动特定的肌肉群。比如打乒乓球前进行几分钟的挥拍练习，并且逐渐增加挥拍的力量，就可以把挥拍所需的肌肉群活动开。

如果在运动前能够用5～6分钟的时间，进行全身性的热身，再视运动性质的需要，进行特定部位的热身，加上适当的拉筋体操，就能够有效地减少因为热身不足造成的各种运动伤害。如果从事的运动较激烈或较专业，就必须用更长的时间来热身及拉筋。反之，闲暇之余进行一些比较不需要特殊技巧的运动时，对准备活动的需求也就不必太严格，甚至可以不必进行特殊部位的准备活动，比如慢跑之前要热身的话，可以利用5分钟做一套广播体操，也可以先用一半的速度先缓慢跑5分钟，这样也就可以达到热身的效果了。

2. 准备活动的作用及目的

准备活动是身体迅速进入体育状态的手段，它对运动系统、内脏系统和神经系统等都有十分重要的作用。准备活动对运动系统的作用集中表现在对肌肉、韧带和关节的影响上。它对内脏系统最大的作用就在于提高基础代谢率和体温，使体内血液重新分配，克服内脏系统的"机能惰性"，使心肺功能水平满足身体对氧的需要，保障教学、训练正常完成。

准备活动对神经系统的作用表现在通过身体的一系列活动，使人的大脑反应速度提高，动作反射时间缩短，身体协调性改善，神经传导速度加快，有效地防止因动作协调性差而引起的肌肉韧带拉伤。人体从安静状态进入到剧烈的运动，需要有一定的适应过程。准备活动能使身体发热，加强呼吸和血液循环的能力，降低肌肉韧带的黏滞性，增强其弹性和伸展性，使关节的活动幅度加大，从而避免因提高运动强度而造成的运动损伤。

二、准备活动的运动强度及时间

1. 准备活动的强度

准备活动的运动量应逐步上升，运动量的大小应根据内容、对象和环境的特点而异。由于克服机体的生理惰性需要一段时间，因此，组成准备活动的各种练习的强度应逐步提高，运动量由小到大，中间稍有起伏，最后适当下降。在运动最激烈的时候，不能突然停下来，否则会失去肌肉对静脉血管的挤压作用，影响静脉血液回流，造成心输出量的减少。因此，开始应安排用力较小、速度较慢的练习，如慢跑、徒手操的伸展运动等上肢运动和运动量不大的活动性游戏等。随后动作的速度、幅度、用力程度应逐步提高，如进行四肢、躯干、全身的活动，用力较大和柔韧性要求较高的练习，快速的跑跳练习，运动量大的活动性游戏等。最后进行有节奏、较放松、能调整呼吸的练习，如踏步、慢跑、挥摆四肢等。

如果授课内容或比赛项目的强度大、技术复杂，准备活动的运动量要随之增大，反之则应减小。因为强度越大、技术越复杂的内容，完成神经中枢的协调关系和提高植物性机能所需要的时间越长。如110米高栏赛跑，属于极限强度的活动，技术较复杂；10000米赛跑是大强度运动，技术较简单。因此，前者比后者的准备活动所需要的时间要长，运动量要大，机体的机能要提高到更高的水平才能与其相适应。

青少年的中枢神经兴奋性高，灵活性大，惰性小，他们做准备活动的时间可以短些，运动量小些。成年人的生理惰性较大，运动量可逐步上升，时间要长些。冬天气温低，散热快，机体发热的时间慢，生理惰性大，夏天则相反，因此，冬天做准备活动时间要长，运动量要大。准备活动的运动量太小，身体活动不开，无法适应正式练习；运动量太大，能量消耗过多，中枢神经容易疲劳，也会降低运动成绩。因此，准备活动的运动量应适当。

2. 准备活动的时间

准备活动的时间随体能训练的内容和量而定，应占运动总时间的10%～20%。例如进行1小时的有氧运动，热身时间应该在6～12分钟范围内。同时依据年龄、竞技或非竞技、运动项目特点、个人体质差异、季节及气温不同，准备活动所需的时间也会不同。寒冷的季节，时间应适当长一些，而炎热的季节，时间可以相对短一些。

一般来说，身体微微出汗，便可以结束准备活动。准备活动结束与正式运动之间的休息间隔在一般教学课中以2～3分钟为宜。休息时间过长，反而准备活动的作用会消失，对正式练习不利。

三、准备活动中各关节和肌肉的拉伸

拉伸的类型有很多，但基本有四类：静态拉伸、弹振拉伸、动态拉伸和PNF拉伸。在准备活动阶段尽量以动态拉伸为主，其他拉伸类型为辅，这样才能使机体既能活动开，又不至于因为拉伸使身体冷下来。

1. 静态拉伸

静态拉伸的适宜时间为30秒,不要拉伸至肌肉疼痛,拉伸到有不适感即可,这可保证获得静态拉伸的最大收益。静态拉伸是缓慢而持续的,由于动作和缓不易产生牵张反射,静态拉伸可以安全有效地发展柔韧性。

2. 弹振拉伸

弹振拉伸包含积极的肌肉发力过程,比如,练习者有节奏地拉伸腘绳肌群,身体前屈拉伸一次,反弹,再继续。弹振拉伸可以作为准备运动初的热身。但弹振拉伸可能会损伤肌肉或结缔组织,尤其是经常不运动的人群或者身体有旧伤的人群,弹振拉伸容易引发牵张反射,会阻止肌肉的伸长放松,降低拉伸效果,也易引起损伤。例如:坐姿体前屈动作采用弹振拉伸,练习者上身由垂直位快速前倾伸展到踝部,然后反弹至开始姿势,每次伸展都给身体后链带来较大的压力,不适合大腿后侧或下背部有伤的人群。

3. 动态拉伸

动态拉伸是一种功能性伸展练习,运用专项化的动作为身体做好准备活动,强调专项化的动作而不是个别肌肉,这种练习最接近专项练习所需要的动作。比如高抬腿模仿冲刺跑中的提膝动作。动态拉伸和弹振拉伸看起来相似,然而一系列关键的差异改变了其效能,动态拉伸避免了弹振拉伸的负面效果,更易于控制,受控的关节活动幅度普遍小于弹振拉伸。

四、准备活动时主要拉伸方法

1. 拉伸大腿后侧肌肉

坐在地上,右腿在体前伸直,左腿弯曲内侧贴近地面,与右腿组成三角形。背部挺直,从胯部开始前倾。双手抓住右脚脚尖,保持这个姿势30秒,手触脚尖时不允许有弹动式动作(触不到脚尖也没关系)。换腿做。每条腿拉伸3~5次。

2. 拉伸大腿内侧肌肉

(1) 拉伸 (1)

两脚脚底在身前相互贴紧,膝盖向外撑并尽量靠近地面,双手抓住两脚踝。保持这个姿势,数1~10,放松,然后重复3~5次。

(2) 拉伸 (2)

两脚在体前伸直并分开,保持背部和膝盖部挺直,从胯部向前屈体,两手从腿内侧去抓住两脚的脚踝,保持这个姿势,感觉大腿内侧被拉紧,放松,然后重复3~5次。

3. 拉伸小腿(后部)肌肉

俯身,用两臂和一条腿(伸直,脚尖着地)支撑身体,另一条腿屈于体前放松，身体重心集中于支撑脚的脚尖处，脚跟向后、向下用力，感觉到小腿后部肌肉被拉紧。保持紧张状态，从1数到10，放松，重复3次，然后换另一条腿做3次。

4.拉伸背部肌肉

坐姿，两腿在体前贴紧伸直，上身前倾用手指去碰触脚尖，尽量让腹部、胸部靠近腿部，保持20秒，放松。然后重复3～5次。

第五节　运动后的放松与按摩

热身运动是为了让运动者为训练和比赛做好准备，而运动后的放松运动同样重要，它能使运动者的肌肉得到恢复，身体恢复到放松状态。放松运动不仅能使肌肉恢复更快，还能降低训练中可能出现的肌肉痉挛和肌肉损伤。放松运动可以使血液循环加快，为肌肉细胞恢复正常的血流量、电解质、酶和营养平衡提供可能。放松运动能使由于运动血液和肌肉中的乳酸恢复到训练前的正常水平，血液循环加快使氧和各种营养物质能够迅速进入血液和肌肉，同时排除废物，恢复体能。

一、运动后放松的意义

（1）使肌肉全面得到放松还原

运动后放松可以使肌肉全面得到放松还原，只有这样肌肉才会保持良好的机能，收缩有爆发力，抻拉有韧性，全面的放松可以达到肌肉的最大功效，表现能力超强。

（2）提高肌肉放松能力和肌肉工作效率

肌肉放松能有效地增大肌张力，提高柔韧性，增大动作幅度；肌肉放松能有效地增加收缩前的肌纤维长度，放松对抗肌群，提高肌纤维收缩速度，增大肌张力，提高柔韧性，增大动作幅度。

（3）加速运动技能的形成

运动后放松能够减少大脑皮质的负担，加快大脑皮质中枢兴奋和抑制转换的灵活性，从而加速运动技能的形成，提高完成技术动作质量，并有利于提高动作速度，加大动作力度。

（4）加速肌肉机能的恢复

能减少血液淤积，加速全身血液重新分配，促进乳酸排除，有助于疲劳的消除，加速肌肉机能的恢复。因为运动时血液主要分布于运动器官，以保证运动时能量代谢的需要，运动后如不做放松练习而突然停止不动，由于地心引力和静止身体姿势，严重影响静脉回流，使身体不适甚至休克。

(5) 提高训练质量

运动后放松对训练计划的进行是有力的保证。放松活动后能使心血管系统逐渐恢复正常,能减轻关节压力,可以松弛紧张情绪,使身体尽快恢复正常状态。

二、运动后放松方法及分类

1. 慢跑类

运动结束后可以开始慢跑,一般应跑10～15分钟,跑得快慢应该控制在两人能够边跑边轻松聊天的速度为宜。这样一方面使运动者的心肺功能逐渐恢复到安静状态,有利于健康;另一方面通过这种有氧的运动,可使在运动过程中体内产生的乳酸得到排除。慢跑的方式不仅能够达到身体放松的目的,而且可以起到调节心理的作用。

2. 伸展类

① 扩大身体的动作范围,使各处关节变得强韧、灵活,加强身体的柔韧性、灵活性和协调性。

② 缓和肌肉的紧张程度使其由僵硬转为松弛,促进局部机体血液循环,改善机体疲劳。

③ 缓解内心压力,加强身体各处的供氧量,使身体和思维变得活跃、敏锐。

④ 使人的身体变得柔软、强韧,延缓人体老化。

⑤ 使人的身体和精神状态获得调整,倍感身心愉悦,从而变得自信,充满活力。

3. 按摩类

按摩是一种良性刺激,一般来说,大强度短时间的按摩能提高兴奋性,小强度长时间的按摩能起到镇静作用。按摩能改善肌肉中的血液供应,加强疲劳肌肉中乳酸排除,提高肌肉的工作能力。运动后的按摩,主要是帮助运动员放松肌肉,消除疲劳,恢复体力,按摩时用力较重,时间也较长。先大肌肉群,后小肌肉群,在关节部位以揉为主。当赛后出现严重疲劳时,不能立即按摩,需要休息2～3小时,也可以洗完澡或晚上临睡前进行。除了徒手按摩,也可以利用按摩器材进行放松,泡沫轴作为一种训练工具,利用练习者自身重量及泡沫轴相互作用产生的压力施加于练习者的肌肉及筋膜等软组织上,使练习者过于紧张的肌肉及筋膜产生放松的伸展训练。

三、运动放松注意事项

(1) 按摩者注意事项

消毒洗手,指甲剪短,以免擦伤被按摩者的皮肤,造成感染。有皮肤病者不能从事按摩。饭前、饭后不宜进行按摩。按摩时不宜戴手表和首饰。

（2）被按摩者注意事项

皮肤必须洗净，才能接受按摩。开放性损伤、皮肤病患处、骨折、脱位、急性扭伤早期（一般是24小时内）、发热、心脏病、激烈运动后的过度疲劳、月经期间、饥饿时不能接受按摩。按摩时要放松、安静，饭前后1～2小时不宜接受按摩。

（3）不要蹲坐休息

训练后若立即蹲坐下来休息，会阻碍下肢血液回流，影响血液循环，加深机体疲劳，严重时会产生重力性休克。因此，每次训练结束后应调整呼吸节奏，步行甩臂，并做一些放松、调整活动，促使四肢血液回流入心脏，以利于还清"氧债"，加快恢复体能、消除疲劳。

（4）不要贪吃冷饮

训练往往使人大汗淋漓，尤其是在夏天，随着大量水分的消耗，训练后总会有口干舌燥、急需喝水的感觉，很多人喜欢买一些冷饮解暑解渴，然而此时人体消化系统仍处在抑制状态，功能低下，若图一时凉快和解渴而贪吃大量冷饮，极易引起胃肠痉挛、腹痛、腹泻，并诱发胃肠道疾病。所以，训练后不要立即喝大量冷饮，可以少量补充一些白开水或淡盐水。

（5）不要骤降体温

训练时机体血管扩张，体温升高，毛孔舒张，排汗增多，倘若训练后立即走进冷气空调房间或在风口纳凉小憩，或图凉快用冷水冲头，均会使皮肤紧缩闭汗而引起体温调节等生理功能失调，免疫功能下降，而招致感冒、腹泻、哮喘等病症。

（6）切忌训练后吸烟

训练后吸烟，吸入肺内的空气混入大量的烟雾，一方面减少含氧量，不利还清"氧债"，难以消除机体疲劳；另一方面当人体吸入这样带雾空气，将影响人体肺泡内的气体交换，导致人体在运动后因供氧不足而出现胸闷、气喘、呼吸困难、头晕乏力等。

（7）不要立即吃饭

训练时，运动神经中枢处于高度兴奋状态，在它的影响下，管理内脏器官活动的副交感神经系统则加强了对消化系统活动的抑制，同时，在运动时全身血液亦进行重新分配，而且比较集中地供应了运动器官的需要，而腹腔内各器官的供应相对减少。上述因素使得胃肠道的蠕动减弱，各种消化腺的分泌大大减少，需在运动结束20～30分钟后才能恢复。如果急忙吃饭，就会增加消化器官的负担，引起功能紊乱，甚至造成多种疾病。

第六节　体育锻炼效果的评定

体育锻炼效果的评定是一个系统性的过程，旨在全面评估锻炼对人的身体、心理和社会适应等方面的积极影响。

1. 主观感知和感受

除了客观的身体指标和运动能力，个体的主观感知和感受同样重要。记录运动前后的感受变化，包括精力状态、情绪、睡眠质量、身体疲劳感等，可以评估体育锻炼对个体心理和生活质量的影响。

2. 身体指标的变化

通过测量体重、体脂率、肌肉质量、腰围、胸围等身体指标，可以评估体育锻炼对身体形态的影响。这些指标的变化可以直观地反映体育锻炼的效果。

3. 运动能力的提升

进行运动能力测试，如身体灵活性、力量、耐力和速度等方面的测试，可以评估体育锻炼对个体运动能力的提升情况。例如，俯卧撑数量、仰卧起坐数量、柔韧性测试、跑步时间等都可以作为评估的依据。

4. 身体素质评分

根据身体形态、肌肉力量、心肺功能和柔韧度等指标进行评分，可以量化评估体育锻炼对身体素质的提升情况。这些评分可以基于专业的测试和标准进行，以确保评估的准确性和客观性。

第五章 健康促进的实践与方法

第一节 篮球

一、篮球运动的起源与发展

篮球运动是1891年由美国马萨诸塞州斯普林菲尔德市基督教青年会训练学校体育教师詹姆士·奈史密斯博士为了提高学员们对体育课的兴趣而发明的。最初的篮球比赛规则很简单,对于场地大小、参加人数多少、比赛时间长短都没有统一的规定。1892年奈史密斯制订了第一部13条的原始规则,目的是使篮球游戏在公平对等的条件下进行,同时不允许粗野动作的发生。1915年美国制定了全国统一的篮球竞赛规则,并翻译成多种文字,向全世界发行。1932年,刚诞生的国际篮联以美国大学使用的篮球规则为基础,制定了第一份世界统一的竞赛规则。随着篮球运动的发展,场地设备得到改进和完善,规则也不断地增删和变化。

课程资源扫码
即可观看

1932年6月18日在瑞士日内瓦成立了国际业余篮球联合会(简称国际篮联)。1936年第11届奥运会上,男子篮球被列为正式比赛项目。1950年和1953年分别举行了第一届世界男篮和世界女篮锦标赛。1948年起,在许多国家的少年儿童中开始出现小篮球活动,受到国际篮联的重视,于1968年成立了"国际小篮球委员会"。1976年第21届奥运会增加了女子篮球比赛。

20世纪60年代各国在重视发展高度的同时,加强了高大队员技术和灵活性的训练。20世纪60年代中期,美国迪安·史密斯提出攻守平衡的理论,使世界各国开始重视进攻和防守的均衡发展,特别是防守有了新的发展和突破。防守不再是消极的,在防守的选位上改变了过去"以人为主""以区域为主"的观念,而是"以球为主",使防守具有集体性、积极性、攻击性和破坏性。

20世纪70年代世界强队的身高增长到惊人的程度,这些高大队员既有高度,又有速度,能里能外,技术全面,充分体现了"大个队员小个化"的特点。快攻成为各队进攻中首先采用的锐利武器。

二、篮球运动的基本技术

(一)移动

1. 起动

从基本站立姿势开始,向某个方向起动,用这个方向的异侧脚的前脚掌短促有力的蹬地,同时重心快速移动,手臂协调摆动,利用蹬地的反作用力迅速向运动方向迈出。

2. 跑

在做左右变向时,变向前最后一步一脚的脚掌内侧用力蹬地,同时脚尖稍内扣,迅速屈膝,腰部随之转动,上体向转动方向前倾,移重心,转动后前脚迅速迈出。

3. 急停

急停是指在快速运动中突然制动的一种方法,是各种脚步动作衔接和变化的过渡。

(1)跨步急停

空中将球接住,在身体继续前移时,一脚先着地,成为中枢脚。这就是两步节拍中的第一拍。当另一只脚向前移动时,中枢脚稳稳支撑住自己。另一只脚落地,即完成第二拍。双脚平稳着地取得良好的平衡位置,一只脚在前,另一只脚在后。

(2)跳步急停

跑动中用单脚或双脚起跳,使双脚稍有腾空。上体后仰,双脚平行或前后站立,形成进攻基本站立姿势。要求落地轻盈。空中时向任何一方自然侧转,以缓和前冲速度,落地后迅速降低重心,保持身体平衡。

4. 转身

转身是指以一脚为中轴脚进行旋转,另一脚向前后跨出,改变原来的身体方向。转身在比赛中运用广泛,经常与其他动作组合运用。

5. 滑步

滑步是在防守时移动的一种主要方法,易于保持身体平衡,可向任何方向移动。

6. 后撤步

撤步时,用前脚掌内侧蹬地,同时腰部用力向后转动,后脚⊠地,前脚快速后撤,紧接滑步调整防守位置。

7. 跳

(1)双脚跳

起跳时,两膝弯曲降低重心,两脚用力蹬地,同时提腰摆臂向上跳起,腾空时身体自然舒展控制平衡。落地前脚掌先着地，缓冲后接下一动作。

（2）单脚跳

起跳时，踏跳脚脚跟先着地，迅速过渡到前脚掌用力蹬地，同时提腰提肩，另外一条腿快速屈膝上提，当身体达到最高点时，摆动腿自然伸直与起跳腿合并。落地时两脚分开与肩同宽，注意屈膝缓冲，接下一动作。

（二）传接球技术

1. 双手胸前传球

双手持球置于胸腹之间，两肘自然弯曲于体侧，身体呈基本站立姿势，两眼平视传球目标，传球时后脚蹬地发力，身体重心前移，两臂前伸，两手腕随之旋内，拇指用力下压，食指、中指用力拨球并将球传出。球出手后两手略外翻。

2. 单手肩上传球

双手持球于胸前，两脚平行开立，右手传球时，左脚向传球方向跨出半步，右手靠左手拨送球的力量将球引至右肩上方，右肩关节引展，大小臂自然弯曲，手腕稍向后屈，持球的后下方，左肩对着传球方向，重心落至右脚上。传球时，右脚蹬地发力的同时转体带动上臂，以肘领先于前臂，手腕前屈，食指、中指、无名指用力拨球将球传出。

3. 单手体侧传球

双脚开立，双手持球于胸前，右手传球时，左脚向左侧前方跨步的同时将球引至身体右侧呈右手单手持球，出球前的一刹那，持球的拇指在上，手心向前，手腕后屈，传球时，前臂向前做弧形摆动，手腕前屈，食指、中指、无名指拨球将球传出。

三、篮球运动的基本战术

篮球战术是篮球运动中的宏观概念，是指导已经掌握了篮球基本技术的篮球运动员更好参加比赛的行动指南。

（一）篮球的进攻战术

1. 传切配合（图5-1）

传切配合是队员利用传球和切入组成的简单配合。

（1）配合方法

⑤传球给④后，立即摆脱对手❺向篮下切入，接④的回传球投篮。

（2）配合要点

切入队员要掌握好切入时机，利用好假动作和速度；传球队员注意用假动作吸引牵制对手。

（3）易犯错误

切入时动作的突然性不够；切入时没有明显的动作、方向和速度的变化；持球队员给切入队员的传球不及时、不到位，隐蔽性不强。

2. 突分配合（图5-2）

突分配合是持球队员在突破过程中受到防守队员阻截时，及时将球传给无人防守或已摆脱防守的同伴为同伴创造进攻机会的配合方法。

（1）配合方法

⑤从防守者的左侧突破，❹协防，封堵⑤向篮下突破的路线，此时④及时跑到有利的进攻位置，接⑤的球投篮。

（2）配合要点

突破动作快速突然，既要做好投篮的准备，也要随时准备分球。

（3）易犯错误

突破时只看球篮没有随时观察场上攻守队员的位置与行动，分球不及时。配合队员选位摆脱时间、位置与距离不当。

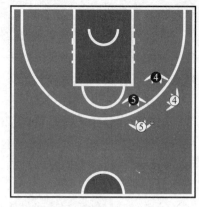

图5-1

图5-2

3. 掩护配合（图5-3）

掩护配合是进攻队员选择正确的位置，用自己的身体以合理的技术动作挡住防守同伴的对方队员的移动路线，使同伴借以摆脱防守，获得进攻机会的配合方法。

（1）配合方法

⑤传球给④后跑到❹的侧面做掩护，④接球后做投篮或突破的动作，吸引❹，当⑤到达掩护位置时，④持球从❹的右侧突破投篮。⑤掩护后及时移动到有利的位置去接球或抢篮板球。

（2）配合要点

掩护队员的行动要隐蔽快速；被掩护队员要注意用假动作吸引对手，当同伴到达掩护位置时，摆脱对手动作要突然、快速。

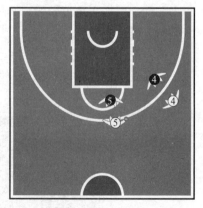

图5-3

（3）易犯错误

掩护的位置、距离及掩护动作不合理。掩护者没有隐蔽自己的行动意图，被掩护者没有运用假动作吸引对手。掩护队员做掩护后没有及时转身护送或参与配合进攻。

4. 策应配合（图5-4）

策应配合是进攻队员背对或侧对球篮接球后，以他作为枢纽，配合同伴的切入或掩护，形成的一种里应外合的配合方法。

（1）配合方法

④摆脱防守插到罚球线做策应，⑤将球传给④并立即空切篮下，接④的策应传球投篮。

（2）配合要点

策应者要及时抢位，传球人要及时将球传到策应者远离防守的一侧。

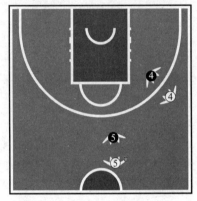

图5-4

（3）易犯错误

策应队员摆脱抢位不及时、不主动；策应队员接球后重心太高；策应队员没有随时注意观察场上情况，不能及时将球传给获得有利进攻机会的同伴或自己寻找机会进攻；策应配合时的位置、距离不适宜。

5. 运球突破快攻（图5-5）

防守队员获得球后，在不能快速传球时，采用运球突破（改变方向和位置），这种快攻特点是发动和接应融为一体，常常难以堵截，能发挥个人攻击的积极性和主动性。但推进速度较慢。

（1）配合方法

⑤抢到篮板球后，传球给接应的⑥，⑥快速运球从中间突破，⑦⑧沿边快下，④⑤跟进，⑥传球给机会较好的⑦或⑧上篮。

图5-5

(2)配合要点

快攻的发动和接应意识一定要强,积极主动,获球后要先远后近,传好一传;在快攻中要以传球推进为主结合运球突破、加快进攻速度;结束部分要敢打,以个人攻击为主吸引防守。

(3)易犯错误

获得球后,快速进攻意识不强,行动迟缓;获得球的队员没有及时观察场上情况,不能尽快完成快攻第一传;快攻推进过程中没有保持纵深队形;快攻推进过程中,盲目运球;快攻结束阶段同伴投篮后,没有跟进队员。

(二)篮球的防守战术

1.球在正面时全队防守方法(图5-6和图5-7)

图5-6

图5-7

球在左后卫❽手中时全队防守的方法:❽持球时❽紧逼;❼、❹错位防守,不让❼、❹接球。❼、❹向❽靠近,准备"关门"协防;防止❽向中路突破,❺绕侧或绕前防⑤;❻远离⑥靠近篮下,补防限制区。

球在右后卫❹手中时全队防守的方法:❹持球❹紧逼;❻、❽错位防守不让⑥、⑧接球;❼、❺远离自己的对手补防限制区。

防守基本要求:由攻转守时,每个队员都要快速退回自己的后场,找到对手,组成集体防守。根据对手、球、球篮,选择有利位置,有球紧,无球松;近球紧,远球松;积极移动,控制对手。要做到球、人、区兼顾,与同伴协同防守,破坏对方进攻配合,加强防守的集体性。

2.球在侧面时全队防守方法(图5-8和图5-9)

球在左前锋❼手中时全队防守的方法,❼持球时❼紧逼;❺侧前站立,防止⑤接球;❽向❼靠近,"关门"协防;❻、❹收缩防守,防止高吊球或背向插入。

图5-8　　　　　　　　　图5-9

球在右前锋⑥手中时全队防守的方法，⑥持球❻紧逼；❹向❻靠近，"关门"协防；❺、❼、❽收缩防守并补防限制区。

防守基本要求：由攻转守时，每个队员都要快速退回自己的后场，找到对手，组成集体防守。根据对手、球、球篮，选择有利位置，有球紧，无球松；近球紧，远球松；积极移动，控制对手。要做到球、人、区兼顾，与同伴协同防守，破坏对方进攻配合，加强防守的集体性。

3. 全场紧逼人盯人防守

全场紧逼人盯人防守战术是由攻转守时，防守队员在全场范围内各自紧逼自己对手的一种攻击性较强的防守战术，它要求防守队员在全场始终紧逼自己的对手，积极阻挠对手，破坏对方集体配合造成对方打法紊乱，为本队争得比赛的主动。

防守基本要求：由攻转入守时，全队思想、行动要一致，要以压倒的声势，要迅速找人，紧逼各自的对手在全场范围积极展开防守；每个队员要抢占有利的位置，紧逼自己的对手，人球兼顾，积极阻挠对手移动、接球、运球、投篮等进攻行动，严密控制，使对手被动或造成失误、违例。全队要相互呼应，前后、左右照应，充分利用堵截、夹击、换防、补防等配合，及时破坏对方的进攻配合，要近球紧逼，远球稍松。

第二节　足球

一、现代足球的起源与发展

现代足球始于英国。1863年10月英格兰成立了世界上第一家足球协会，并统一了足球运动的竞赛规则，足球运动逐步从欧美传入世界各国，尤其是在一些文化发达的国家更为盛行。越来越多的人

课程资源扫码即可观看

走向球场，投身到这一富有刺激性和畅快感的运动中去，以至于一度将足球运动开展得好坏作为衡量一个国家文化发达与否的标志。

1896年，第一届现代奥运会在希腊举行时，足球就被列为比赛项目，丹麦成为冠军。因为奥运会不允许职业运动员参加，到了1928年（第九届奥运会）足球比赛已无法持续。1928年奥运会结束后，国际足球联合会（简称国际足联，英文缩写为FIFA）召开代表会议，一致通过决议，举办四年一次的世界足球锦标赛。这对于世界足球运动的进一步发展和提高起到了积极的推动作用。最初这个新的足球大赛称为"世界足球锦标赛"。1956年，国际足联在卢森堡召开的会议上，决定易名为"雷米特杯赛"。这是为表彰前国际足联主席法国人雷米特为足球运动所做出的成就。

1904年5月21日，国际足联在法国巴黎正式成立，法国等7个国家的代表和代理人在有关文件上签了字。1904年5月23日，国际足联召开了第1届全体代表大会，法国的罗伯特·盖林被推选为第一任主席。1905年4月14日，英格兰足协加入国际足联。国际足联的创建，标志着足球作为一项体育运动项目登上了世界体坛。国际足联是世界足球运动的最高权力机构，总部设在瑞士苏黎世希茨希11号国际足联大厦。国际足联的宗旨是促进国际足球运动的发展，发展各足球协会之间的友好联系。国际足联的最高权力机构是代表大会，每两年举行一次。

二、足球运动的主要赛事

1. 世界杯

世界杯世界上最受欢迎的体育赛事之一。1930年，首届世界杯足球锦标赛在乌拉圭举行，以后每隔4年举办一次。

2. 欧洲国家杯

欧洲国家杯有小世界杯之称，是世界最著名的足球赛事之一，从1960年开始，每四年举行一次，从第六届开始，即1979年改用新赛制，决赛阶段赛集中在某国举行，东道主无须打预赛，直接进入决赛圈。其在欧洲有着非常巨大的影响，也是推动欧洲足球运动发展的一个重要赛事。

3. 其他重大赛事

英格兰超级足球联赛（英超）、意大利足球甲级联赛（意甲）、西班牙足球甲级联赛（西甲）、德国足球甲级联赛（德甲）、法国足球甲级联赛（法甲）为欧洲著名的足球五大联赛，各大联赛内部的足球俱乐部云集世界优秀的足球运动员、教练，组成技术水平较高的球队进行比赛。英超打法讲求整体快速推进，意甲注重攻守平衡，西甲喜欢打进攻足球，而德甲则更喜欢防守为先，法甲比其余四大联赛的技术水平要略低一线。

当今世界的足球运动发展迅速，除以上重要赛事外，还有众多的联赛（如荷甲、比甲、瑞甲、芬超、葡超、日本职业足球联赛、美国职业大联盟等）和众多的杯赛（如美洲杯、南美解放者杯、亚洲杯、非洲杯、奥运锦标赛、世界青年锦标赛、女足世界杯等）。

三、足球运动的基本技术

（一）颠球

1. 脚尖拉挑球

用脚的前脚掌往后拉球，然后用脚尖将球挑起来，其具体动作是：一只脚站在地上作为支撑脚，另一只脚的前脚掌踏在球上，先轻轻用力将球往后拉，待球向后滚动时，踏球的脚迅速插到球的下方，脚掌着地，当球滚上脚背时，脚尖稍翘起，用力向上将球挑起（图5-10）。

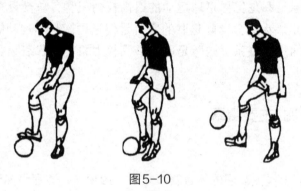

图5-10

2. 脚背正面颠球

当球落至膝关节以下时，用一只脚的脚背正面（系鞋带的前半部位）击在球的底部，将球向上颠起（图5-11）。

图5-11

3. 脚内侧颠球

用脚弓部位连续接触球,这种颠球方法与民间"踢毽子"的方法相似。其动作方法是:当球落至膝关节高度时,用一只脚的脚弓部位轻击球的底部,将球向上颠起(图5-12)。

图5-12

4. 脚外侧颠球

支撑脚的膝关节微屈,上体向支撑脚一侧稍倾斜,重心落在支撑脚上。当球下落至膝关节稍下时,颠球腿屈膝,小腿向上向外摆起,脚腕向外翻,使脚外侧向上,几乎呈水平状态,用脚外侧轻击球的下中部,将球向上颠起(图5-13)。

图5-13

5. 大腿颠球

用大腿颠球时,颠球腿的大腿屈膝上摆,当大腿摆到呈水平状态时击球,下上颠起(图5-14)。

图5-14

6. 头颠球

两腿左右分开或前后分开，膝关节微屈，两臂屈肘自然张开，头微微向上抬起，两眼注视球。当球下落至前额正面高度时，两腿微微蹬地、伸膝，颈部轻轻向上用力，用前额正面击球下中部，将球向上颠起（图5-15）。

图5-15

7. 肩部颠球

两脚自然左右分开，两臂自然下垂或微屈肘，头微微向上抬起，两眼注视球。当球下落至接近颠球一侧肩部高度时，肩部上耸，击球下中部，将球向上颠起（图5-16）。

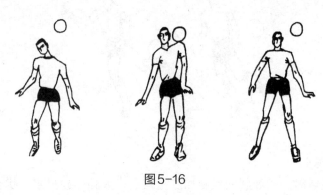

图5-16

（二）踢球

在众多的踢球技术动作中，最容易学会，也是最常用的踢球方法就是脚内侧踢球，俗称脚弓踢球。脚内侧踢球，就是用从脚尖开始到脚后跟为止的内侧部位（包括脚弓）踢球。这种踢球方法由于脚与球的接触面大，容易踢得准，也容易学会。同时由于踢球时摆动幅度小，踢球力量不大，因此常用于进行短距离传球（图5-17）。

脚内侧踢球采用直线助跑，支撑脚稍屈膝站在球侧，踢球腿由后向前摆动，接近球时用脚弓部位对准球的后中部击出，球就沿着地面向前滚动，人随着踢球

图5-17

时的运动惯性，自然地向前走几步。这里需要提醒的是：要想使脚弓对准球，就必须把脚横过来，使脚呈横的"一"字形。脚腕（踝关节）要用力，这样击球才有力量，同时也不会使脚腕受伤。

（三）过顶球

在比赛中经常会看到进攻队员想传球给同伴，但中间有一名防守队员在阻拦，于是他就将球踢过防守者的头顶，从空中越过中间的障碍，把球传给同伴。

脚背内侧踢球，是用大脚趾及第二脚趾以上的脚背内侧部位击球。踢球时采用斜线助跑，助跑方向与出球方向大约成45度角。助跑的最后一步稍大一些，支撑脚稍屈膝站在球的侧后方，脚尖指向出球方向。支撑脚着地的同时，踢球腿由后向前摆动，当快接近球时，小腿突然加速摆动，脚背绷直，以脚背内侧部位击球。击球后，人随着踢球时的运动惯性，继续向前走几步。脚背绷直就是脚趾用力向下扣紧，脚背自然就绷直了。击球的部位，可随踢球者的需要而决定，以踢定位球为例：如想踢出地滚球，就击球的后中部，踢球腿向前摆动；如想踢过顶球，则击球的后下部，踢球腿向前上方摆动；如想踢会拐弯（旋转）的球，则击在球的后侧部，也就是用脚背内侧去"削球"，摆动腿向侧前方摆动。这种加旋转力量的踢法，常用于主罚任意球射门或踢角球及传球绕过防守队员，能收到出其不意的效果（图5-18）。

（四）脚部接（停）球

1. 接（停）地滚球

根据来球的路线，选择好接球的位置，并及时移动到位。支撑脚正对来球，膝关节微屈，接球脚稍提起（低于球的高度）并屈膝，脚内侧对准来球，当脚与球接触前的一刹那，接球脚往后撤，在后撤过程中触球。这样可以缓冲来球的力量，稳稳地把球接住。接球脚后撤的速度，要根据来球的速度而定，来球速度快，接球脚后撤的速度相应也要加快，并且后撤的幅度要加大，这样才能有效地化解来球的力量（图5-19）。

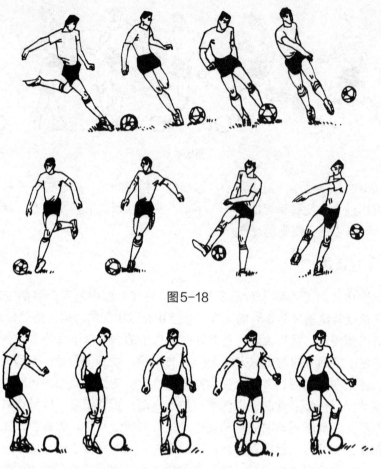

图5-18

图5-19

2. 脚内侧接（停）空中球

动作方法基本与接地滚球的方法相同，不同的是：接球脚提起的高度要视来球的高度而定，脚弓对准来球，在接球前，接球脚要向前伸出去迎球，当脚接触球前的一刹那，随球的运行路线后撤，在后撤过程中触球，将球接住。

3. 脚内侧接（停）反弹球

方法与前两种接球方法稍有不同。首先要判断好来球的落点，支撑脚踏在落点的侧前方，稍屈膝，上体稍前倾并向停球方向微转，接球脚提起，用脚内侧对准球的反弹路线。当球落地刚反弹时，用脚内侧挡压球的中上部。

（五）胸部接（停）球

1. 挺胸式接（停）球

一般用于接高于胸部的来球。其动作方法是：根据来球的运行路线，选择好接球位置，并及时移动到位。面对来球，两脚前后（或左右）站立，两臂屈肘自然张开，将胸部打开。两腿微屈，两眼注视来球。当球从空中下落与胸部接触前的一刹那，上体后仰，两脚蹬地，膝关节伸直，上体上挺，用胸部触球，使球微微向上弹起。触球时不能抬头，否则球会弹到下颌。

2. 收胸式接（停）球

一般用于接齐胸或略低于胸部的平直球。其动作方法的选位、移动、站立与挺胸式相同，不同的是：当球运行到快接近胸部时，先挺胸迎球，在胸部与球接触前的一刹那，身体重心迅速向后移，同时收胸收腹，在收胸、收腹、重心向后移的过程中触球，以缓冲来球的力量，将球接住。

在运用胸部接球方法时，要根据来球的不同路线及高度，选用合适的接球方法，并运用胸部与球接触前的身体转动，将球接在下一个动作所需的位置上。如需要把球接在身体的右侧时，则在胸部触球前的一刹那，身体迅速向右转体同时用胸部触球，使球落在身体的右侧。

（六）运球

1. 脚背正面运球

适用于直线运球，大多在前方有较大的纵深距离，又无对手防守，需在快速运球的情况下运用。其动作方法是：运球跑动时，身体自然放松，上体稍前倾，两臂自然摆动，步幅不宜过大。运球脚提起，膝关节稍屈，脚跟提起，脚尖向下，在迈步向前着地前用脚背正面推球的后中部。

2. 脚背内侧运球

适用于变方向运球，大多在向里（即向支撑脚一侧方向）改变方向时，并需要用身体掩护球的情况下运用。其动作的要点是：身体稍向运球方向侧转，重心在支撑脚上，运球脚膝关节微屈，脚跟提起，脚尖稍外转（用大脚趾对准球），在迈步向前着地前用脚背内侧推、拨球前进。

3. 脚背外侧运球

由于这种运球方法既能充分发挥跑动快的优势，又能利用身体掩护球，还能运用脚腕的灵活性，随时改变运球方向，因此在实战中被普遍采用。其动作方法是：运球跑动时身体自然放松，上体稍前倾，两臂屈肘自然摆动，步幅不宜太大。运球脚提起，膝关节微屈，脚跟提起，脚背绷紧，脚尖稍内转。在迈步向前着地前，用脚背外侧推、拨球前进。

4. 脚内侧运球

这种运球方法是众多运球技术中速度最慢的一种。但由于在运球过程中，用身体将防守者与球隔开，使防守者不易抢到球，因此是一种比较安全的运球方法。一般在进攻受阻，需重新寻找突破方向或传球对象时使用。其动作方法是：

运球跑动时，支撑脚踏在球的侧前方，膝关节微屈，上体稍前倾并向有球的一方扭转（这样有利于用身体掩护球），运球脚提起屈膝，用脚内侧推球前进。

四、足球运动的基本战术

1. 比赛阵型

比赛阵型是指比赛场上队员的位置分布，是攻守力量搭配和职责分工的形式。比赛阵型要根据本队特点和参赛队的特点来选择。现代足球的特点是采用"全攻全守"型打法，常用阵型有4-3-3、4-4-2及5-3-2、3-5-2、4-2-4等。

2. 进攻战术

（1）个人进攻战术

即每个参赛队员在场上运用个人技术进行跑位、传球、运球突破、协同进攻等技术的总称，是足球比赛的基础。

（2）局部进攻战术

比赛中二人或三人有组织地进行配合进攻。

（3）全队进攻战术

① 边路进攻。在对方半场两侧地区发动的进攻称边路进攻。由于边线地区防守人数少，区间大，因此从该区进攻容易奏效。边路进攻主要由个人突破，中锋、前卫、边卫也可起到边锋作用，最后阶段将球传向中区，由中锋包抄射门。

② 中路进攻。在对方半场中间地带发动的进攻为中路进攻。中路进攻能直接威胁守方球门，因此守方必须层层布防，这就要求进攻队员必须积极策应、跑位，以打乱对方的布局。中路进攻通常通过中锋的切入与插上的前卫之间的配合或个人运球突破等，渗透到有效射门区域进行射门。

3. 防守战术

（1）选位与盯人

防守队员选择的位置，原则上是站在对手与本方球门中心所构成的直线上，与对手的距离要根据场区以及球所处的位置来决定。要盯紧有球对手和逼近球门的无球对手，针对对方的主要得分手，要实行紧逼盯人防守，同队其他队员则应注意选位与保护。

（2）保护与补位

保护与补位是局部地区集体防守的基础，保护是补位的前提，没有保护也不可能有效地补位，防守队员补同伴在防守中出现的漏洞称为补位，是防守队员之间互相协助的集体防守战术。

（3）全局防守战术

全局防守战术包括盯人防守、区域防守和混合防守三种。

第三节　排球

一、排球运动的起源与发展

课程资源扫码
即可观看

排球运动1895年起源于美国，由美国马萨诸塞州霍利沃克城的基督教青年会干事威廉·摩根首创，1964年被列为奥运会项目。

排球运动诞生之初，是作为一种娱乐性较强的游戏被人们所接受的。人们隔网拍打，追击嬉戏，以不使球落地为乐趣。最初的排球技术简单而粗糙，仅仅是以手拍击球而已。打法也只是争取一次击球过网，如果一次击不过去，才有同伴的再击球。人们在实践中逐渐体会到，一次击球过网不一定是最佳方式，有时从前网近网处甚至跳起击球过网，反而能够创造更好的获胜机会。于是出现了多次击球的打法，以寻找最佳时机和为技术更好的同伴创造得分机会，集体配合战术萌发。

1947年4月间，国际排联在巴黎正式召开成立大会。会议制定了国际排联宪章；选举了法国的保尔黎伯为第一任主席；指定巴黎为总部所在地，英语和法语为联合会工作语言；成立了技术委员会、竞赛委员会和裁判委员会，并正式出版通用国际排球竞赛规则。同时会议决定于1948年在罗马举行欧洲男子排球锦标赛，1949年在布拉格举行世界男排锦标赛。国际排联的成立标志着排球运动从娱乐游戏时代进入了竞技时代。其后，国际排联出色地领导和组织了一系列的世界大赛。这些比赛已经形成传统，每2年或4年举行1次，延续至今。

二、国际和国内排球比赛

1. 世界排球大赛

① 世界锦标赛：世界上最早的，且规模最大的排球比赛。

② 世界杯赛：原为欧、亚、美三大洲的排球赛，1984年经国际排联批准扩大为世界性比赛。

③ 奥运会排球赛、奥运会沙滩排球赛、残奥会坐式排球赛。1964年在日本东京举行的第18届奥运会上，排球比赛被正式列为奥运会比赛项目。沙滩排球于1996年亚特兰大第26届奥运会上被列为正式比赛项目；1980年莫斯科举行的第六届残奥会，男子坐式排球第一次作为正式比赛项目；2004年在雅典举行的第12届残奥会，首次将女子坐式排球列为正式比赛项目。

④ 世界青年锦标赛：始于1977年，最初每4年一次，以后改为每两年举行一次，参赛队员年龄不超过20岁。

⑤ 世界少年锦标赛：始于1989年，第1届少年男排锦标赛在阿联酋、女排在

巴西举行，以后每两年举行一次，参赛队员年龄不得超过18岁。

⑥ 世界沙滩排球锦标（巡回）赛：始于1989年，最初称为沙滩排球大奖赛，首届比赛分别在巴西、意大利、日本和美国分4站进行，1997年改为世界沙滩排球锦标（巡回）赛，每年举行一次。

⑦ 世界男排联赛和世界女排大奖赛：世界男排联赛始于1990年，每年举行一次，采用主客场制。世界女排大奖赛始于1998年，每年举行一次，采用巡回赛的方法进行。

2. 国内大型排球比赛

① 全国运动会排球赛：全运会是检阅各省、市体育运动水平的综合运动会，4年举行一次。

② 全国城市运动会排球赛：城运会是检阅各省、市体育运动后备人才的盛会，4年举行一次。

③ 全国排球联赛：1996年后采用主客场赛制。

④ 全国排球优胜赛是检阅各省、市高等院校体育技能水平的盛宴。

三、排球运动的基本技术

（一）准备姿势

运动员在起动、移动和击球前所采用的合理的身体姿势，称为准备姿势。合理的准备姿势是指既要使身体重心处于相对稳定的状态，又要便于移动和完成多项击球动作，为迅速起动、快速移动及击球创造最好的条件。依据比赛中（或练习中）完成各项技术动作的需要，按照身体重心的高低，准备姿势可分为一般准备姿势，后排防守准备姿势和前排保护准备姿势三种。

1. 一般准备姿势

两脚左右开立与肩同宽，一脚在前，两膝微屈，身体重心位于两脚之间，并稍靠近前脚，后脚跟稍提起，上体稍前倾，两臂放松，自然弯曲置于腹前。两眼注视球并兼顾场上各种情况，两脚保持微动状态。

2. 后排防守准备姿势

两脚开立略比肩宽，两膝弯曲，脚跟自然提起，上体前倾，重心靠前，膝部的垂直线应在脚尖前面，两臂放松，自然弯曲置于腹前，两眼平视，注意来球，两脚始终保持微动。

3. 前排保护准备姿势

身体重心比后排防守准备姿势更低、更靠前，两脚左右、前后的距离更宽一些，膝部弯曲的程度大于后排防守准备姿势，身体重心要更靠前，肩部垂直线过膝，膝部垂直线超过脚尖，两手臂置于胸腹之间。

（二）移动步法

① 并步。两脚前后站立与肩同宽，两膝微曲，上体稍前倾，两手自然方松置于腰腹。并步时，前脚向来球方向跨出一步，后脚迅速蹬地跟上，并做好击球前的姿势。并步的特点是容易保持身体平衡，便于做击球动作。并步可向前、后、左、右各方向移动。

② 滑步。连续并步就是滑步。

③ 交叉步。两脚左右开立。向右侧交叉步移动时上体稍向右转，左脚从右脚前向右交叉迈出一步，然后右脚再向右侧方向跨出一大步，同时重心移至右脚，身体转向来球方向，保持击球前的准备姿势。交叉步的特点是步子大，动作快，便于制动。

④ 跨步。跨步前膝部弯曲，上体前倾，身体重心移至跨出脚上。跨步时，一腿用力蹬地，另一腿向来球方向跨出一大步，后腿随重心前移自然跟上，两臂做好迎球动作。跨步的特点是跨距大，便于向前、斜前方降低重心进行低点击球。

（三）传球技术动作分析

1. 正面传球

面对目标的传球称正面传球，是传球中最基本的方法，是掌握和运用其他各种传球技术的基础。采用一般准备姿势，上体稍挺起，仰头看球，两手自然抬起，屈肘，放松置于额前。当来球接近额前时，开始蹬地、伸膝、伸臂，手指微张从脸前向前上方迎出。全身各部位动作应协调一致。初学传球时，击球点尽量要求在前额的正前上方约一球距离处。手触球时，十指应自然张开使两手呈半球状，手腕稍后仰，以拇指内侧，食指全部，中指的二、三指节触球的后下部，无名指和小指在球两侧辅助控制球的方向。两拇指相对近"一"字形（图5-20）。

图5-20

2. 背向传球

背对传球目标的传球称背向传球。背向传球是传球技术中的一种基本方法，在比赛中运用较多。上体比正面传球时稍后仰，双手自然抬起置于脸前。抬上臂、挺胸、上体后屈。背传时，下肢蹬地的方向接近与地面垂直，通过展体、挺胸、抬头的动作，使抬臂、伸肘、送肩的协调用力方向偏向后上方。因此，背传的击球点应保持在头上方，这样更便于向后上方用力。手形与正面传球相同，但触球时手腕要稍后仰，掌心向上，拇指托在球下，击球的下部。

（四）垫球和挡球

1. 垫球

垫球是接发球、接扣球以及后排防守的主要技术动作，是组织反攻战术的基础。垫球时两手掌根相靠，两手手指重叠，手掌互握，两拇指平行向前，手腕下压，两前臂外翻呈一个平面，即叠指式。常用的双手垫球手形还有抱拳式和互靠式。垫球的动作要领是：两臂前伸插球下，两臂夹紧腕下压；蹬地跟腰前臂垫，击球点尽量在腹前；撤臂缓冲接重球，轻球主动抬送臂（图5-21）。

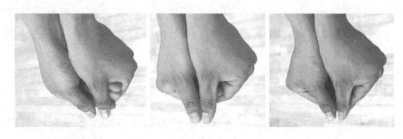

图5-21

2. 挡球

来球高，速度快，力量大，不便于传球和垫球时，用双手或单手在胸部以上挡击来球称为挡球。其特点是伸手动作快，挡击胸、肩部以上高度的来球较方便，可扩大防守范围，是垫球的重要补充。但挡球不便于协调用力，因而控制球的落点和方向比传、垫球差。挡球有双手挡球和单手挡球两种。挡球手形可分为抱拳式和并掌式两种。抱拳式是两肘弯曲，一手半握拳，另一手外抱，两手掌外侧所组成的平面朝前；并掌式是两肘弯曲，两手虎口交叉，两手掌外侧合并成勺形的击球面朝前（图5-22）。

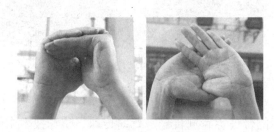

图5-22

(五) 发球

1. 正面上手发球

正面上手发球是指发球队员面对球网站立，利用收腹转体动作带动手臂加速挥动，在头的右前上方用全手掌击球过网的发球方法。这种发球击球点高，可以充分利用胸腹和上肢的爆发力，加之运用手掌的推压动作使球呈上旋飞行，不易出界，因此它具有较大的攻击性和准确性。

2. 正面下手发球

正面下手发球是指发球队员面对球网，手臂由后下方向前摆动，在体前腹部高度击球过网。其特点是动作简单，容易掌握，准确性大。但由于击球点低，球速慢，攻击性不强。这种发球方法，在比赛中已很少采用，适合初学者，进行接发球练习和教学比赛。

(六) 正面扣球

正面扣球是扣球技术中最基本的一种。由于面对球网，便于观察，准确性较高，加之正面扣球挥臂动作灵活，能根据对方防守情况，随时改变扣球的路线和力量，控制落点。初学者必须掌握好正面扣一般球后，再学习其他扣球技术。

① 准备姿势：站在离网3米左右处，两脚自然开立，两膝微屈，上体稍前倾，两臂自然下垂，观察二传来球，随时准备向各个方向助跑起跳。

② 助跑：助跑是为了获得一定的水平速度，增加弹跳高度，并且选择适当的起跳点。助跑的时机、方向、步法、速度、节奏是根据来球的方向、速度和弧线来决定的。因此，要全面熟练掌握一步、两步、三步及多步助跑的步法。以两步助跑为例：助跑时，左脚先向前迈出一步，接着右脚再迅速跨出一大步，左脚及时并上，落在右脚侧前方，两脚尖稍内收准备起跳。助跑的第一步要小，目的是对正上步的方向，使身体获得向前的水平速度，第二步要大，目的是接近球和提高助跑的速度，右脚落地支撑点在身体重心之前，有利于制动。

③ 起跳：在助跑跨出最后一步的同时，两臂绕体侧向后引，左脚在落地制动的过程中，两臂自后积极向前摆动，随着双腿蹬地向上起跳，两臂配合起跳用力上摆。

④ 空中击球：起跳后，挺胸展腹，上体稍向右转，右臂向后上方抬起，身体呈反弓形。挥臂时，以迅速转体、收腹动作发力，借此带动肩、肘、腕各部位关节呈鞭甩动作向前上方挥动。击球时，五指微张呈勺形并保持紧张，用全手掌包满球，以掌心为击球中心，击球的后中部，同时主动用力屈腕屈指向前推压，使

扣出的球加速上旋。击球点在起跳和手臂伸直最高点的前上方。

⑤ 落地：空中完成击球动作后，身体自然下落，为了避免腿部负担过重，应双脚的前脚掌先着地，同时顺势屈膝，缓冲身体下落的力量。

（七）拦网

1. 单人拦网

队员面对球网，两脚左右开立，约与肩同宽，距网30～40厘米，两膝微屈，两臂屈肘置于胸前。常用的步法有一步、并步、交叉步、跑步等。无论采用哪种移动步法，都要做好制动动作，以保证向上起跳，避免触网和冲撞同队队员。拦网的移动方向主要是两侧和斜前方。移动时采用的步法可归纳为："前一步、近并步、中交叉、远跑步"。

2. 双人拦网

由前排两个队员互相靠近，同时起跳组成拦网。双人拦网时，应以一人为主拦队员，另一人为配合队员。两队员之间距离太远，跳起后将出现"空门"；距离太近，起跳时互相干扰，致使双方都跳不高。双人拦网起跳时，两人的手臂应该在体前划小弧向上摆伸，都要尽量垂直向上起跳，要防止互相碰撞或干扰。手臂在空中既不能重叠（造成拦击面缩小），又不能间隔太宽（造成中间漏球）。

3. 拦网动作

拦网击球时，两臂应尽量伸直，两肩尽量上提，前臂要靠近球网，两手间距离应小于球体的直径，以防止漏球。起跳时，两手从额前沿球网向上方伸出，两臂伸直并保持平行，两肩上提。拦球后，要做含胸动作，以保持身体平衡。手臂要先后摆或上提，从网上收回至本方上空，再屈肘向下收臂，以免触网。与此同时屈膝缓冲，双脚落地，随即转身面向后场，准备接应来球或做下一个动作准备（图5-23）。

图5-23

四、排球运动的基本战术

（一）阵容配备

阵容配备是参赛队根据比赛的任务、本队战术组织的特点及队员的身体情况，有针对性地、合理地安排出场队员及位置分工，充分地调配力量，科学地组合人员的筹划过程。其目的是把全队的力量有效地组织起来，扬长避短，最大限度地发挥每一个队员的作用和特长。阵容配备遵循"择优、攻守均衡、相邻默契、轮次针对、优势领先"原则。阵容配备的形式如下。

1. "四二"配备

由4名进攻队员（两名主攻队员与两名副攻队员）和2名二传队员组成，他们分别站在对角的位置上。这样每个轮次前后排都能保持有一名二传队员，两名进攻队员，便于组织和发挥本队的攻击力量。目前在水平一般的球队中，采用这种配备形式的较多。

2. "五一"配备

由5名进攻队员和1名二传队员组成。队员的站位与"四二"配备基本相同，只是一名二传队员作为接应二传主要承担进攻任务。这样可以加强拦网和进攻力量。接应二传也可弥补主要二传队员有时来不及传球所出现的被动局面，但主要还是承担进攻任务。目前在水平较高的队中普遍采用这种配备形式。当二传轮转到后排时，可采用插上进攻形式，组织前排进行三点进攻。

（二）交换位置

1. 前排队员之间的换位

为了便于组织进攻战术，把二传队员换到2号位或3号位。为了加强进攻力量，把进攻力量强的队员换到便于扣球的位置上，如右手扣球队员换到4号位，扣快球的队员换到3号位，左手扣球队员换到2号位等。为了加强拦网，抑制对方的重点进攻，把身材高大或弹跳力好及拦网能力强的队员换到3号位，或与对方主攻队员相对应的位置上。

2. 后排队员之间的换位

为了发挥个人特长，后排队员各自换到自己熟悉的防守区进行专位防守。为了在比赛中便于运用行进间"插上"战术，把二传队员换到1号位或6号位，以缩短插上时的距离。根据临场情况，把防守能力强的队员换到防守任务较重的区域，把防守能力弱的队员换到防守任务较轻的区域。

3. 前、后排队员之间的换位

后排的二传队员插上时，可将1号、6号、5号位插上到2号、3号位之间，准备做二传，前排的2号、3号、4号位队员则后退，准备接球或进攻。

第四节 羽毛球

一、羽毛球运动的起源与发展

课程资源扫码
即可观看

现代羽毛球运动诞生在英国。1873年,在英国格拉斯哥郡的伯明顿镇有一位叫鲍弗特的公爵,在庄园里进行了一次"蒲那游戏"的表演。因这项活动极富趣味性,很快就风行开来。此后,这种室内游戏迅速传遍英国,"伯明顿"(Badminton)即成为英文羽毛球的名字。那时的活动场地是葫芦形,两头宽中间窄,窄处挂网,直至1901年才改为长方形。羽毛球运动约于1920年传入我国。20世纪70年代我国羽毛球队已跻身于世界强队之列。20世纪70年代,国际羽毛球坛是印度尼西亚与我国平分秋色。20世纪80年代,优势已转向我国,说明我国羽毛球运动已达到世界先进水平。羽毛球在1992年巴塞罗那奥运会上被列为正式比赛项目,共设男、女单打和男女双打、混合双打等比赛。

二、羽毛球运动的基本技术

(一)握拍

1. 正手握拍法

先用左手拿住拍杆,使拍面与地面垂直,然后,右手张开呈握手状,虎口对准拍柄窄面内侧小棱上,拇指与食指自然地贴在拍柄的两个宽面上。中指、无名指、小指自然并拢握住拍柄,掌心不要紧贴,拍柄端与近腕部的小鱼际肌平,拍面基本与地面垂直。食指与中指稍微分开,手心不要贴紧拍柄,注意要使小鱼际肌与拍柄端平齐。正手发球、右场区各种击球及左场区头顶击球等,一般都采用这种握法,以右手握拍者为例(图5-24)。

2. 反手握拍法

在正手握拍的基础上,拇指和食指将拍柄稍向外转,拇指顶点在拍柄内侧的宽面上或内侧棱上,中指、无名指和小指并拢握住拍柄,柄端靠近小指根部,注意手心不要贴紧拍柄,要使掌心与拍柄之间有一个明显的空隙。球拍斜侧向身体左侧,拍面稍后仰。一般来说,击身体左侧的来球,大都先转体(背对网),然后用反手握拍法击球。在握拍时要注意击球前握拍要放松,就像掌中握着一只小鸟,太紧会捏死,太松就会飞走,要求肌肉要适度放松。只有在发力击球的一刹那,才紧握球拍,击球后应快速恢复放松状态(图5-25)。

（二）持球

左手以拇指、食指和中指捏住羽毛球，将球置于腰腹以下的位置，以右手反手握拍为例，肘部略抬起使拍框下垂于左腰下侧，两眼注视对方准备接球的动向及场地，发球时主要是依靠挥动前臂和伸腕闪动发力来完成动作。其动作幅度小，力量也较小，但速度较快，动作隐蔽性强。此动作可以用于发出高远球除外的其他各种飞行弧线球，但多用于双打比赛（图5-26）。

图5-24

图5-25

图5-26

（三）发球

1. 高远球

把球发得既高又远，使球向对方后场上方飞去，球的飞行路线与地面形成角度，要大于45度，使球几乎垂直落在对方后发球线附近的发球区内，称为发高远球。发高远球可以迫使对方退至端线附近接发球，从而减小对方回击球时的进攻性，是单打比赛中主要的发球手段。

2. 正手发平高球

平高球运行的抛物线弧度不大，使球迅速越过对方场区空中而落到底线附近。由于平高球的飞行弧线比高远球低，所以挥拍击球时多运用前臂带动手腕来发力。球与球拍接触时，球拍后仰的程度比发高远球小，拍面略微向前推送来完成击球。在学习过程中，易犯的错误与发高远球易犯的错误相同，只是在随前动作中可产生制动，但在发高远球时，不应产生制动。

3. 正手发网前球

发出的球贴网而过，落地到对方前发球线附近的发球区域内的球。在学习过程中，发网前球的技术要求较高，如果球的飞行弧线太低，或力量太小，会不过网或不到对方的发球区（即短球）；若球的飞行弧线过高，则易遭到对手的扑击回球。

高质量的网前发球，可以避免对方在接发球时的直接下压球，从而可以有效地限制对方做进攻性的回击，主要适用于双打发球。

（四）击球

1. 击球路线

一般将击球点高于头部的击球，称为高手击球。高手击球按其技术特点和球飞行弧线的不同，可分为：高远球、平高球、扣杀球和吊球等。同时，可以按击球点的位置分为：正手高手击球；反手高手击球；头顶击球（图5-27）。

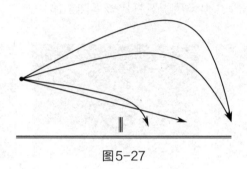

图5-27

2. 正手高远球

采用正手握拍法，击球点在身体的右侧方用正拍击出的高远球，称为正手高远球。它分为原地正手高远球和起跳正手高远球两种。原地正手高远球的动作要领：左脚在前，右脚在后，侧身使左肩对网，两脚间距与肩同宽，重心在后脚，右手正手握拍屈臂举拍于右侧，左手放松自然上举，眼睛向上注视来球。

3. 反手高远球

在自己左后场区上空的球，以反手握拍法用反拍面击出的高远球，称为反手高远球。一般情况下都采用原地反手击高远球，很少采用起跳的击法。步法移动中，手法要马上从右正手握拍转换成反手握拍，上臂平举，屈肘使前臂平放于胸前，球拍放至左胸前，拍面朝上，完成引拍动作。

4. 头顶高远球

其动作要领与正手高远球基本相同，只是击球点在头顶的前上方，准备击球时，身体偏左倾斜，用正拍面击出的高远球，称为头顶高远球。击球时，上臂带动前臂使球拍绕过头顶，从左上方向前加速挥动，注意发挥手腕的爆发力击球，落地时左腿向左后方摆动的幅度大些（图5-28）。

（五）扣杀球

1. 正手扣杀球

对于在自己右侧上空的高球，用正手握拍法握拍，用正拍面扣杀球，称为正手扣杀球。正手扣杀球可以在原地或起跳后进行。正手跳起杀球动作要领：右脚后撤同时引拍到位，侧身对网，屈膝下降重心，做好起跳击球的准备。起跳后，

图5-28

身体左转同时后仰，挺胸呈弓形，当球落至肩前上方的击球点时，快速收腹，以胸带臂，前臂和手腕加速挥摆，闪腕发力；与此同时，手指突然抓紧拍柄，使手腕的发力集中到击球点上，拍面正面击球托的后部，使球快速向下直线飞行。杀球后形成右脚在前，左脚在后的回动姿势。

2. 反手扣杀球

对于在自己左侧上空的高球，采用反手握拍法，用反拍面扣杀，称为反手扣杀。比赛中运用反手扣杀球，具有一定的进攻突然性。但从球速和力量讲，都不如头顶扣杀球，球的落点也较难控制。反手扣杀动作要领：向左后转身前交叉步后退三步，移动过程中形成反手握拍，前臂往胸前收，右肩有些内收，完成引拍动作。击球的一瞬间，前臂开始向上挥动，拍子从左前下向右前上方摆动，此时，左脚开始发力，腰腹及肩部发力，并带动上臂及前臂，发出鞭打的力量，球拍往上后方挥动。击球时，握紧拍子，快速外旋和后伸闪腕，击球托的后部完成击球动作。击球后，前臂内旋，使球拍回收至体前，下降重心使之制动，并迅速转体回动。

3. 突击杀球

当对方击来弧线较低的平高球时，则向侧方或侧后方起跳，突然挥拍扣杀球，称为突击杀球（也称跳起突击杀球）。突击杀球多用于中场或中后场区。这项技术的特点就在于它的进攻突然性，在单打时有应用，在双打时运用尤多。突击杀球动作要领：侧身右方，后退一步并迅速起跳，跳起后，身体后仰，拉长腹肌及胸大肌，拍子自然往后下方摆动，加大挥拍的工作距离。收腹转体上臂带动前臂急速内旋挥拍，手突然紧握拍子闪腕，产生爆发力击球，此时拍面与水平面的夹角应小于90度。击球后落地并迅速回动。

（六）吊球

1. 正手吊球

正手吊球是后场正手上手主要击球技术之一。击球前，身体先半侧对球网，右脚在后，左脚在前，两脚尖均踮起，身体重心自然落在右脚掌上。右手采用正手握拍法，自然将球拍举到右肩侧上方，左手自然上举，眼睛注视来球。当球下落到接近击球点高度时，右脚开始蹲伸，并以髋关节带动身体由右向左转动，做左腿后撤，右腿前迈的两腿交叉动作。伴随着下肢蹲转动作的同时，胸部舒张，两侧肩关节外展，左手自然上举，持拍臂的前臂向后移动，保持高肘后撤球拍。在协调用力的配合下，上臂带动前臂利用伸肘关节、前臂旋内和屈腕的力量，向前下方轻击来球（图5-29）。

2. 反手吊球

反手吊球动作要领与反手击高远球动作基本相同。前臂快速由左肩下向右上稍有外旋挥动，手腕动作内收闪动，击球托的右下部，在击球瞬间拍面与水平面的夹角应稍大于90度，并有前推的动作，避免吊球落网（图5-30）。

图5-29　　　　　　图5-30

（七）搓球

1. 正手搓球

搓球准备动作与动作要领：当球向右场区飞来时，采用正手搓球。侧身对右边网前，右脚跨前成弓箭步，身体重心在右脚上。在正手握拍的基础上，拇指、食指、中指和无名指稍松开，使拍柄离开掌心，拇指斜贴在拍柄内侧的上小棱边上，食指稍前伸，使第二指带斜贴在拍柄外侧的宽面上。然后快速侧身向右侧网前移动，最后一步为右脚向球的方向跨一大步，身体重心应较高，以争取高点击球。同时，左臂自然后伸，起平衡作用，引拍动作中，伸臂举拍时应稍屈肘、屈腕，使球拍自然稍向后拉，击球发力动作应以肘关节为轴，通过前臂的外旋及收腕动作，用正面拍切削球托的后底部或侧底部，使球翻滚过去。击球后右脚快速蹬地后撤回动（图5-31）。

2. 反手搓球

当球向左场区飞来时，采用反手搓球。反手搓球的上网动作和正手搓球动作

图5-31

类似，其不同点是：身体向左侧移动，最后一步左脚向左侧跨出。在正手握拍的基础上，拇指、食指、中指和无名指稍松开，拍柄离开掌心同时使球拍稍向内转，拇指贴在拍柄内侧的上小棱边上，食指第三关节贴在拍柄外侧的下小棱边上。反手搓球在伸臂举拍时，应稍屈肘，反拍面向上，屈腕使球拍略下垂，然后再伸前臂、屈腕，用反面拍切削球托的后底部或侧底部（图5-32）。

图5-32

（八）步法

1. 一步跨步上网步法

重心前移，利用双脚蹬地，接着向球的方向跨出一大步到位。向右前场上网，用正手击球；向左前场上网则用反手击球。

2. 两步跨步上网步法

重心前移，左脚先向球的方向上一步，紧接着右脚向球的方向跨一大步到位，准备击球向右前场上网，用正手击球；向左前场上网用反手击球（图5-33）。

图5-33

3. 三步跨步上网步法

三步跨步上网步法也叫交叉步加蹬跨步上网步法。前交叉蹬跨右侧上网步法重心前移，右脚先向来球方向垫一步，左脚再上一步，接着左脚后蹬，侧身将右脚向球的方向跨一大步到位，准备击球。

4. 后交叉蹬跨左、右侧上网步法

重心前移，右脚向来球方向垫一步，左脚接着向右脚后交叉上一步，左脚着地后即刻后蹬，将右脚向球的方向跨一大步到位，准备击球。

三、羽毛球运动的基本战术

（一）发球战术

1. 发后场球战术

发球时，对方一般处于中心位置，发后场球，由于落点深，可以迫使对方后退，远离中场，造成前场空当，为下一步制造网前球创造了条件。同时，由于球路和球速的不同，给对方击球造成难度。高远球弧线高、速度慢，垂直下落，让对方难以下压进攻。平高球弧线低，速度较快，以精确的落点、快速的节奏，打乱对方的进攻意图，实现发球战术（图5-34）。

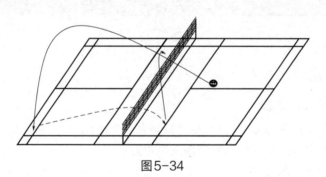

图5-34

2. 发网前球战术

发网前球也称发近网球。以较低的弧线，把球发到对方发球区内的前端，其目的：一是迫使对方上网，暴露出后场的空当，可以在对方回球质量不高的情况下，攻击对方后场；二是减少对方直接进攻的可能，迫使对方挑高球，为自己制造进攻的机会，当然还要提防对方以网前球相还。

3. 发平快球战术

平快球是以低平的弧度、很快的速度，发到对方发球区内侧底线。如果对方站位偏离中线，在其内侧出现较大空当，或对方注意力不够集中时，这种快速发球，可以达到一种偷袭的目的，或直接得分，或打乱对方节奏，迫其回球质量下

降。为了很好地贯彻发球战术，发球时要注意以下几点：要注意发球动作的隐蔽，不要让对方观察出自己的意图；要注意观察对方的站位，捕捉对方的漏洞；要做好充分准备，实现发球战术，以及应付各种突然的变化。发球要有准确的落点。根据对方的站位和习惯，发球要有针对性、突然性、目的性。一般我们把发球落点划分为四个区域。

（二）进攻战术

（1）发球抢攻战术

发球不受对方干扰，发球者可以根据规则，随心所欲地以任何方式将球发到对方接球区的任意一点。善于利用多变的发球术，能先发制人，取得主动。以发平快球和网前球配合，争取创造第三拍的主动进攻机会，组成发球抢攻战术。

（2）打"四方"球，结合突击战术

把球以各种手法打到对方场地四个角，称"四方"球。以高远球、平高球、吊球以及网前球，将球准确打到后场、前场四个角，造成对方大范围跑动，消耗体力。待其出现步伐不到位，回球质量不高时，采取攻击，实现主动。

（三）防守战术

1. 高远球防守战术

打后场高远球是一种防守战术，它与进攻时用的平高球不同。平高球由于速度过快，回球也快而不能为防守争取更多的时间，使防守难以调整战术，反而增加防守难度，起不到防守的目的。高远球由于弧线高，速度慢，可以有较多的时间等待对方回球，并及时调整自己站位。同时，这种战术还适合应对盲目进攻型的对手，通过反复打高远球，造成对方不断的扣杀，消耗对方体力，待对方体力不支，回球质量不高时，进行反击。

2. 网前球和推球战术

在自己处于不利情况下，可利用搓、勾、挡、吊等手段，将球打在对方的网前，用网前球遏制对方再次的直接进攻，为自己调整站位创造条件。另外，还可以用推、挡直线球或半场球，破坏对方的进攻节奏，达到由防守到反攻的目的。

（四）接发球战术

由于规则对发球的限制，发球的威胁性被削弱，而且球的落点必须在接球者区域内。在这固定的防守区域内，如果接球者能够很好地处理来球，即可占据主动地位。接发球者的站位一般在接球区中场，略靠左（以右手持拍为例）。接球时，要注意力集中，前后左右兼顾。根据发球的规律，对方只能发出网前球、后场球和速度较快的平快球。

(五) 双打战术

1."攻中路"与"攻腰"战术

进攻中，对方必定平行左右站位，这样可以把球打到对方两人防守的结合部位，以便造成他们因为相互争抢碰撞，出现失误，或相互退让，出现漏球。当对方前后站位时，也可以将球打到半场靠边线区域，这是他们前后的结合部位，同样可以造成上述的失误，这就是所说的攻半场战术。

2. 攻人战术

在比赛中，两人集中优势，盯住对方一人进行攻击，也称"二打一"战术，目的是消耗其体力，使其造成失误。另外，在另一人松懈时或极力保护同伴时，可突然改变线路，突袭对方空当。这种盯人战术，往往是选择攻击对方技术水平较弱的选手。也有选择主动攻击对方强者，以消耗其体力，使其战斗力下降。

第五节　乒乓球

一、乒乓球运动的起源与发展

乒乓球起源于英国，欧洲人至今把乒乓球称为"桌上的网球"。19世纪末，欧洲盛行网球运动，但由于受到场地和天气的限制，英国有一些大学生，在室内以餐桌作球台，用书或以两把高背椅子挂上一根线当作球网，采取软木或橡胶做成的球，以羔皮纸贴成的长柄椭圆形空心球拍，在台子上将球打来打去。以后逐渐成了一种家庭娱乐活动。

课程资源扫码即可观看

最初的球拍是两面贴羔皮纸的空心球拍，其后改用木板拍。1902年英国人库特（Gude）发明了胶皮颗粒拍。1950年奥地利人发明了海绵拍，1952年日本选手首次使用海绵拍，参加了第19届世界乒乓球锦标赛，并取得优异成绩。此后，引起了一场国际范围关于能否使用海绵拍的争论，这场争论持续了多年，而在此期间又出现了正胶海绵拍和反胶海绵拍。1959年国际乒联做出了球拍规格化的决定（方案是中国提出的）。以后又出现了长胶、中长胶粒球拍、防弧球拍，生胶球拍，两面不同性能球拍等，现在又出现了歪把球拍和扣握式球拍等。

二、乒乓球运动的基本技术

（一）握拍

1. 快攻型直拍握法

球拍柄右侧贴在食指的第三关节处，以食指的第二关节压住球拍的右肩，食指的第一关节自然向内弯曲。拇指的第一关节压住球拍的左肩（拇指与食指之间的距离要适中）。其他三指自然弯曲斜形重叠，以中指第一关节托于球拍背面1/3上端，使球拍保持平稳。这种握拍技术手腕比较灵活（图5-35）。

图5-35

2. 弧圈型直拍握法

在正手拉弧圈球时，拇指、中指和无名指协调用力，中指和无名指略微伸直，以利于出手击球时较好地保持拍形的前倾。这种握拍技术的优点是手腕比较灵活，正、反手的结合比较容易，处理台内球也较好。缺点是拍形不易固定，对正手大角度球和扣杀较高的球难处理（图5-36）。

图5-36

3. 削攻型直拍握法

直拍削攻型的握拍技术是拇指自然弯曲，紧贴拍柄左侧，第一指节用力下压，其余四指自然分开托住球拍背面。削球时，主要以中指、无名指、小指用力，食指紧托住球拍辅助用力。反手削球时，利用手腕把球拍兜起使拍柄向下，有利于加转削球。由防守转为进攻时，把食指移到拍柄的右侧扣住拍柄。这种握拍技术在削攻结合时手指要来回变换握法，反手攻球时，更受限制，不如横拍方便（图5-37）。

4. 横拍握拍技术

横拍攻击型（包括快攻和弧圈两种）和削攻型握拍技术基本相同，可分为浅握和深握两种。浅握时，以中指、无名指、小指自然地握住拍柄，拇指在球拍的正面轻贴在中指旁边，食指自然伸直斜放于球拍的背面，虎口轻微贴拍。深握与浅握基本相同，但虎口紧贴球拍（图5-38）。

图5-37

图5-38

（二）基本站位、姿势

1. 基本站位

进攻型打法的基本站位为距离球台端线50厘米左右。擅长近台进攻的选手，站位可再稍近些；擅长中近台进攻的选手，站位可稍靠后些；擅长正手侧身抢攻的选手，可站在球台偏左侧；擅长打相持球或反手实力较强的选手，可站于球台中间略偏反手的位置。

削攻型打法的基本站位为距离球台端线100～150厘米左右，多在球台中间略偏反手的位置。进攻能力强的，站位可稍近些。以防守为主的选手，站位可稍远些。

2. 基本姿态

进攻型打法的基本姿势为（以右手执拍为例）：两脚开立，比肩稍宽，左脚稍前，右脚稍后，前脚掌内侧着地，脚后跟略提起。两膝自然微屈，重心在两脚之间，含胸收腹，身体略前倾。肩关节放松，执拍手位于身前偏右处，球拍略高于台面。

削球打法的基本姿势与进攻型打法略同，不同之处在于：两脚间距较宽，重心稍低，右脚在左脚之前，上体前倾较少，执拍手位于胸前。

3. 基本步法

（1）单步。以一脚为轴，另一脚向前、后、左、右不同方向移动，重心随之跟上，具有移步简单、灵活、重心平稳的特点。它适用于来球速度慢，离身体不远的小范围内击球，如接近网短球，离身体不远的削球、搓球等。另外，还有为了移动脚更好起动，为轴的脚往往先在原地有一调整重心的单步动作。

（2）并步。先以来球异方向的脚向同方向的脚并一步，然后同方向的脚再向来球的方向迈一步，重心随之交换。其特点是：身体不腾空，重心起伏小，很稳定。一般在来球的球速不快且球离身体不远时使用，如横拍快攻选手的两边摆速练习，削球的左右移动、快攻、拉弧圈球等常用这种移动方法。

（3）垫步。两脚的前脚掌同时上下轻轻跳一下或踮一下，有时两脚不离开地面。垫步可向前、后、左、右移动，它的要点主要体现在"垫"上，垫的动作幅度比正常步法要小许多，在进行定点单个技术连续打时，要注意运用垫步去保持击球动作与步法协调性与连贯性。

（4）跨步。以一只脚蹬地，另一只脚向来球方向腾空跨出一大步，身体重心随即移到摆动脚上，另一只脚跟着移动。其特点是速度快，幅度范围比单步、并步、换步移动大。进攻型选手多用于扑打正手球，削球选手多用于对方突然的攻击。

（5）跳步。以来球异方向的脚用力蹬地为主，使两脚同时或几乎同时离地向来球的方向跳动，蹬地用力大的脚先落地，另一只脚紧跟落地。它可向前、后、左、右、原地等跳动。其特点是：快速、灵活；移动的幅度比单步、并步、换步大，有短暂的腾空时间；靠膝关节和踝关节的缓冲来减少重心的起伏。快攻打法用跳步侧身进攻较多，弧圈球打法在中台左右移动或侧身移动时常用，搓球、削球时用跳步调整站位较多。

（三）发球

发球是乒乓球运动各种类型打法技术中的重要技术，亦是乒乓球比赛开始先发制人第一板的重要技术。

1. 低抛发球技术

（1）正手平击发球。平击发球是初学者最基本的发球方法，一般不带旋转。动作要点：手掌伸平，球置于掌心上，将球几乎垂直向上抛起（抛球高度约20厘米），当球下降至距离台面10～15厘米时迅速向前挥拍击球，拍形稍前倾，触球部位为球的中上部；击球后的第一落点，应在本方球台的靠近端线位置（图5-39）。

图5-39

（2）正手发右侧上旋斜线急球（奔球）。奔球的球速快、角度大、突然性强，并向右侧偏拐，是直拍快攻打法常用的发球。动作要点：当持球手将球向上抛起后，持拍手随即向右后上方引拍，上臂向后引拍时，手腕手指要放松，拍面较垂直；当球从高点下降至离台面约10厘米高度时，上臂带动前臂由右后方向左前方挥摆，同时腰髋也由右向左转动；击球时，在拍面触球的一瞬间，拇指用力压拍左肩，手腕手指同时从后向前使劲抖动弹击，球拍沿球的右侧中部向中上部摩擦球；球离拍后，由于具有强烈的右侧上旋力，球越网后向对方右角偏斜前进（图5-40）。

图5-40

2. 高抛发球技术

侧身正手高抛发左侧上、下旋球。动作要点：持球手在身体左侧将球向上垂直抛起，当球下降到头部时，持拍手向右上方引拍，拍面角度较平。发左侧上旋球时，持拍手由右上方向左下方挥摆，球拍从球的右侧中下部向左侧上面摩擦击球。发左侧下旋球时，持拍手则应由右后上方向左前下方挥摆，球拍从球的右侧中下部，向左侧下部摩擦击球。注意它与发左侧上旋球挥拍方向是不同的（图5-41）。

图5-41

3. 下蹲发球技术

下蹲发球横握拍运动员采用较多，主要是因为横拍能较好地发挥前臂和手腕的灵活性。下蹲发球属于上手类发球，通常是球拍摩擦球的上半部将球发出。例如：下蹲发球发出的右侧上下旋球，越过网落到对方台面时，不是向对方的右边，而是向对方的左边偏斜前进。因此，在比赛的关键时刻，突然运用下蹲发球，会使对方感到很不适应，而回接出高球甚至造成失误（图5-42）。

图5-42

（四）接发球

（1）接正、反手急上旋球。因来球速度快、落点远、冲力大，或左方大角度急球，又往往来不及侧身，采用抢先上手技术：正、反手快攻或正手抢攻打回头，拉弧圈球等，接好后，可破对方发球抢攻，第四板要连续进攻。采用反控制技术：反手快推、快拨、正手快带等。接好后，可瓦解对方发球的主动优势，转入相持或争取主动。采用过渡控制技术：正、反手削球或正、反手快挡等。利用这些技术，接好后，可遏制对方发球抢攻，力争转入相持。

（2）接急下旋球。由于来球速度快、落点远、带下旋，回击时，容易下网，故采用抢先上手技术：正、反手快拉，正手拉弧圈球或侧身正手抢攻等。接好后能攻破对方发球抢攻，第四板转入连续进攻。采用控制技术：正反手削球、正反手切搓球或搓推侧下旋等。接好后可遏制对方发球抢攻，力争转主动或相持。

（3）接下旋转与不转球。首先判断来球旋转性质，要分清是加转球，还是不转球。分清后，可采取不同的回接方法。

（五）推挡球

（1）平挡。动作简单，容易掌握，是乒乓球入门的基础技术。其特点是：借力还击，力量轻、速度慢、旋转弱、落点适中。通过练习可以熟悉球性，体会球拍触球的感觉，给进一步学习其他推挡技术打好基础，可作为对方进攻时的一种防御手段。

（2）快推。最基本的一种推挡技术，是全面掌握推挡技术的重要环节。它具有动作小、球速快、变化多、灵活、命中较高的特点，能争取时间，使对方左右应接不暇，造成失误或出机会球，为抢攻创造条件。一般运用于相持，接弧圈球、拉球和中等力量的突击来球。

（3）加力推。推挡球的"重磅炸弹"。其特点是：力量重、球速快、落点活，稍带上旋或不转；能遏制对方进攻，主要用于助攻，常迫使对方离台后退造成被动。它与减力挡配合运用，更能控制和调动对方，其效果尤佳。加力推适用于对付速度较慢、旋转较弱的上旋球或力量较轻的攻球和推挡球。

（六）攻球

（1）正手快攻。站位近、动作小、速度快、进攻性强。它是中国快攻打法中使用最多、最基本的一项技术，亦是常练常用的技术，能借来球的反弹力提高速度。在比赛中，运用速度与落点的变化相结合，能取得更多的主动权，为扣杀创造条件。

（2）正手快拉。快拉通常也称提拉、拉攻等，是用于对付搓球、削球或接下旋和侧下旋发球的一项重要基本技术。它具有速度较快，动作较小，线路较活，并与突击动作较接近的特点；能主动发力击球，用快拉不同落点配合拉轻重力量和旋转变化等，伺机进行突击扣杀。

（七）弧圈球

（1）正手拉加转弧圈球。拉弧圈球是一项融旋转和速度为一体的现代乒乓进攻技术。拉加转弧圈球的特点是稳健性高，上旋强烈，反弹下滑快，具有一定的威胁性。若对方不适应强烈上旋球，不好控制，常会接出高球，甚至直接失误，还可以起到变化击球节奏的作用。一般是用它来对付下旋长球和侧下旋球，为扣杀创造机会。

（2）正手拉前冲弧圈球。弧圈球比较突出的特点是：上旋强，稳健性高，攻击威力大。弧圈球技术分为正手弧圈球、反手弧圈球、侧身弧圈球，包括加转弧圈球、前冲弧圈球、侧旋弧圈球、反拉弧圈球、中远台对拉弧圈球、正胶小弧圈球等。前冲弧圈球飞行弧线低而长，球速快，上旋强，前冲力强；落台后弹起不高，急速向前冲并向下滑落。它是弧圈球选手主要得分的手段。

三、乒乓球运动的基本战术

（一）发球抢攻战术

发球抢攻，是我国乒乓球运动员各种类型打法技战术中的重要战术之一，亦是前三板技术中最具威胁的技术。发球后抢攻的有效率越高，造成对方接发球时心理压力越大，从而迫使对方在接发球时，不得不提高回球难度，或者采取接发球凶抢，希望以此摆脱接发球后被攻的被动局面。这样一来就会有效限制对方接发球的方法与变化，还会增加对方接球失误的概率。如果抢攻技术跟不上，再好的发球也会被对方逐渐适应。

（二）对攻战术

对攻是进攻型选手相遇时，从发球、接发球转入相互对抗，形成攻对攻的局面。双方利用速度、旋转、落点变化和轻重力量进行控制与反控制，力争主动。快攻打法的对攻战术主要是发挥其快速多变的特点来调动对方，以达到攻击对方的目的。快攻对付弧圈为主的打法，其作战方针主要是用速度、落点和轻重力量的变化迫使对方难以发挥旋转的作用，拉不出高质量的弧圈球。快攻对付快攻为主的打法，其作战方针主要是用速度、力量和落点变化迫使对方难以发挥速度和力量的作用，从而陷于防守的地位。快攻打法的各种具体对攻战术主要是依靠左推右攻或正、反手攻球结合变化落点和轻重力量组成的。

（三）拉攻战术

拉攻战术是进攻打法对付削球打法的主要战术。快攻的拉攻战术主要是运用拉球的落点变化创造机会，进行突击和扣杀，迫使对方后退防守，从而达到控制对方、赢得主动的目的。拉攻战术首先要求拉得稳，并有落点和轻重力量的变化，以便为突击创造机会，有时还能直接得分。拉攻的主要得分手段是突击和扣杀，尤其是中等力量的突击技术，体现了快攻打法的快速特点，经常会使对方措手不及而失分，或回出高球。

（四）削中反攻战术

削中反攻战术是用削球变化旋转和落点，迫使对方在走动中回击失误或接出机会球，伺机进行反攻。运用削中反攻战术的基础是削球，首先，要求削球具备能与对方拉攻形成相持或主动的局面，能为进攻创造条件；同时，还要求具备走动中的进攻能力，以便不失时机地进行反攻，把削球和攻球有机地结合起来。

第六节 健美操

一、健美操运动概念

健美操是在音乐伴奏下，以身体练习为基本手段，以有氧运动为基础，达到增进健康、塑造形体的一项体育运动。健美操通常采用徒手或轻器械的方式进行练习，是在氧供应充足的情况下，以人体有氧系统提供能量的一种运动形式，其特征是持续一定时间、中低强度的全身性运动，主要锻炼练习者的心肺功能。

课程资源扫码即可观看

健美操运动从影响人体健康的角度来说，具有良好的作用，尤其是对于控制体重、减肥和改善体形、体态，提高协调性和韵律感具有良好的效果。在长期的实践过程中，健美操已从一项单纯的健身运动逐步发展成为一项独立的体育竞赛项目，在运动形式、动作技术特征以及竞赛组织方法等方面有其自身特点。

虽然健美操运动发展历史不长，但已深受广大群众的喜爱。健美操不仅突出动作"健"和"力"的特点，而且更强调"美"。将人体语言艺术和体育美学融为一体，使健美操成为一个极具观赏性的体育运动项目。

二、健美操运动的分类

按照目的、任务和惯例，健美操运动分为健身性健美操和竞技性健美操两大类。

1. 健身性健美操

健身性健美操练习的主要目的是"锻炼身体、保持健康"。健身性健美操的动作简单，实用性强，音乐速度也较慢，且为了保证一定的运动负荷和锻炼的全面性，动作多有重复，并均以对称的形式出现。健身性健美操的练习时间可长可短，在练习的要求上也可以根据个体情况而变化，严格遵循"健康、安全"的原则，防止运动损伤的出现，在保证安全的基础上，达到锻炼身体的目的。健身性健美操按练习形式可分为徒手健美操、轻器械健美操和特殊场地健美操三大类。

2. 竞技性健美操

竞技性健美操是在健身性健美操的基础上发展产生的。目前世界上较为公认的竞技性健美操的定义是"在音乐伴奏下，完成连续复杂和高难度动作"。该项目起源于传统的有氧健身舞。竞技性健美操以成套动作为表现形式，在成套动作中必须展示连续的动作组合、柔韧性、力量与七种基本步伐的综合使用。竞技性健美操的主要目的是"竞赛"。竞技性健美操在参赛人数、比赛场地和成套动作的时间等方面都有其规则。

由于竞赛的主要目的就是取胜，因此在动作设计上更加多样化，并严格避免重复性动作和对称性动作。近年来，运动员为争取好成绩，均在比赛的成套动作中加入了大量的难度动作，如各种大跳成俯撑、空中转体成俯撑等，这样对运动员的体能、技术水平和表现力等都提出了更高的要求。

三、健美操基本动作

健美操基本动作主要来源是有氧操，有氧操基本动作是由基本步伐和上肢动作两部分组成的，其中基本步伐是组成动作组合的最小单位。在编排动作时我们可以在基本步伐的基础上进行变化，从而形成一个相对复杂的动作组合。

（一）基本步伐

（1）交替类：两脚始终做依次交替落地的动作。

（2）迈步类：一腿先迈出一步，重心移到这条腿上，另一腿用脚跟、脚尖点地或吸腿、屈腿、踢腿等，然后向另一个方向迈步的动作。

（3）点地类：一腿屈膝站立，另一腿伸直，用脚尖或脚跟点地后还原到并腿位置的动作。

（4）抬腿类：一腿站立，另一腿抬起的动作。

（5）双腿类：双腿站立，身体重心在两腿之间的动作。

以下所介绍的动作均为最常用的基本动作，练习者可以在此基础上发展、创造出具有自己风格的独特动作。

（二）常用上肢动作

在完成基本动作时加入不同的手臂动作就会使动作变得丰富，或改变动作的强度和难度。健美操的手臂动作除了自然摆动和一些舞蹈动作外，主要是模仿上肢力量练习。这样做的目的是使动作美观，又使练习更加有效。

1. 常用手型

（1）掌形：五指伸直并拢。

（2）拳形：握拳，拇指在外。

（3）五指张开形：五指用力伸直张开。

2. 上肢动作

（1）举臂：臂伸直向某方向抬起。

（2）屈臂：前臂与上臂角度不断减小。

（3）伸臂：前臂与上臂角度不断增大。

（4）屈臂摆动：屈肘在体侧自然摆动，可依次或同时进行。

（5）臂上提：直臂或屈臂由下至上提起，如屈臂前提、直臂侧提。

（6）臂下拉：臂由上举或侧上举拉至身体两侧。

（7）胸前推掌：立掌，臂由肩部向前推。

（8）冲拳：屈臂握拳，由腰间猛力向前冲。

（9）肩上推：立掌，屈臂由肩部向上推。

（10）臂摆动：以肩关节为轴，手臂在180度以内摆动。

（11）臂绕和绕环：以肩关节为轴，手臂在180～360度的运动称为绕，大于360度的运动为绕环。

（12）臂交叉：两臂重叠呈X形。

四、《全国健美操大众锻炼标准》第二套规定动作

（一）全国健美操大众锻炼标准第二套二级规定动作

1. 预备姿势：立正

2. 组合一：4×8×2拍

（1）第1拍右脚向前一步，同时右手握拳胸前平屈；第2拍左脚并于右脚，同时左手握拳胸前平屈；第3拍右脚退回还原，同时两手胸前击掌；第4拍左脚并右脚同时右转45度，双臂还原放于体侧；5～8拍动作同1～4拍（图5-43）。

（2）1～4拍右脚迈步向前走4步，第4拍左脚脚尖点地。第1拍双臂握拳向前伸直，与肩同宽，第2拍双臂收回到腰间，3～4拍同1～2拍。5～8拍左脚开始向后退4步，手臂动作同1～4拍（图5-44）。

图5-43

图5-44

（3）第1拍右脚向前侧方迈一步的同时右手体侧平屈；第2拍动作同第1拍，但方向相反；3～4拍两脚依次退回原地，手臂经体前放下，成立正姿势；5～8拍动作同1～4拍（图5-45）。

图5-45

（4）1～4拍右脚交叉步一次，同时双手向前伸臂2次；5～6拍侧并步1次，同时屈臂上提、下落；7～8拍动作同5～6拍，但方向相反（图5-46）。

第二个4×8拍动作相同，但方向相反。

3.组合二：4×8×2拍

（1）1～2拍右脚开始V字步前半部分；3～6拍左右摆髋4次；7～8拍V字步后半部分（图5-47）。

图5-46

图5-47

（2）1～2拍上右脚弹踢左腿，反方向的手依次向前冲拳；3～4拍退左脚，右脚向后弓步点地，同侧的手依次向前冲拳；5～8拍的动作同1～4拍（图5-48）。

图5-48

（3）1～4拍向右侧交叉步1次，同时两臂向体侧打开，然后体前交叉；5～6拍左脚侧点地；7～8拍右脚侧点地（图5-49）。

图5-49

（4）1～2拍左腿吸腿跳点地1次，双手胸前屈臂然后向上伸臂；3～4拍腿部动作不变，手臂还原到胸前平屈然后还原立正姿势；5～8拍下肢动作相反，上肢动作不变（图5-50）。

图5-50

第二个4×8拍动作相同，但方向相反。

4. 组合三：4×8×2拍

（1）1～4拍右脚侧并步跳2次，5～8拍左脚并步跳2次，转体90°呈"L"形，双手向出脚方向绕环一圈至体侧屈臂（图5-51）。

（2）第二个1～8拍动作与第一个1～8拍相同，但方向相反。

（3）右脚开始漫步2次（图5-52）。

（4）迈右脚连续吸左腿4次，同时两臂向斜前方伸臂4次（图5-53）。

图5-51　　　　　　　　　　图5-52

图5-53

第二个4×8拍动作相同，但方向相反。

5. 组合四：4×8×2拍

（1）1～4拍右脚向前走4步，手臂正常摆臂；5～6拍弹踢腿1次，同时两手向前推掌；7～8拍动作同5～6拍，但方向相反（图5-54）。

图5-54

（2）第1拍右脚向右后方迈一步同时两手向侧打开；第2拍左脚并右脚，双手体前交叉；3～4拍同1～2拍，但方向相反；5～8拍同1～4拍（图5-55）。

（3）右左各一次上步摆腿跳接漫步（图5-56）。

图5-55

图5-56

（4）1～2拍迈右脚后屈左腿1次；3～4拍迈左脚后屈右腿1次；5～8拍迈右脚后屈左腿2次（图5-57）。

第二个4×8拍动作相同，但方向相反。

6. 结束动作

右脚上步成右弓步，同时双手侧前45度五指分开，手臂伸直亮相（图5-58）。

图5-57　　　　　　图5-58

（二）全国健美操大众锻炼标准第二套三级规定动作

1. 预备姿势（立正）
2. 组合一：（4×8×2拍）

（1）1～8拍右脚侧并步4次，大小腿呈"L"形，同时握拳屈臂上提、下落（图5-59）。

（2）1～4拍右脚开始向前走三步；第4拍吸腿，走步时手臂正常摆臂，吸腿时双手胸前击掌；5～8拍的动作同1～4拍，但方向相反（图5-60）。

图5-59　　　　　　　　　　　图5-60

（3）第1拍右脚向前一步，同时右手握拳上举；第2拍左脚并于右脚，同时左手握拳上举；第3拍右脚退回还原，同时双手体前屈臂；第4拍还原成立正，双臂还原放于体侧；5～8拍动作同1～4拍（图5-61）。

图5-61

（4）第1拍右脚向后一步，同时双臂两侧平举；第2拍左脚并于右脚，同时双手伸直头上交叉；第3拍右脚上前一步，同时双臂两侧平举；第4拍左脚并于右脚还原成立正，双臂还原放于体侧；5～6拍右脚向右侧45度上步吸左腿；7～8拍退左脚，右脚并于左脚，同时手臂正常摆臂（图5-62）。

第二个4×8拍动作相同，但方向相反。

3. 组合二：（4×8×2拍）

（1）交叉步2×8拍：右脚交叉步4次，分别转体90度呈"口"形，同时第1拍双手向上伸直，与肩同宽，第2拍双手收回到腰间，第3拍动作同第1拍，第4拍动作同第2拍；第5拍双臂两侧平举，第6拍体前交叉，第7拍动作同第5拍，

第五章　健康促进的实践与方法

图5-62

第8拍动作同第6拍；9～12拍的动作同1～4拍；13～16拍动作同5～8拍（图5-63）。

图5-63

（2）1～4拍右脚向右前45度迈出连续吸左腿2次，同时两臂向前方伸、屈臂；5～8拍动作同1～4拍，但方向相反（图5-64）。

图5-64

（3）1～6拍侧并步3次，腿呈"蛇形"，同时单拍双臂两侧平举，双拍双手体前交叉；7～8拍左脚侧点地接后屈腿（图5-65）。

图5-65

第二个4×8拍动作相同,但方向相反。

4. 组合三:(4×8×2拍)

(1) 1～4拍右脚向左侧前漫步,1～2拍双手向侧上45度伸出,3～4拍双手收回到腰间;5～8拍动作同1～4拍(图5-66)。

(2) 1～4拍迈步吸腿跳2次;5～8拍走步4次(图5-67)。

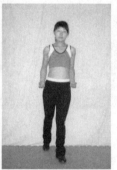

图5-66　　　　　　　　图5-67

(3) 1～8拍两次V字步,手臂依次上举,然后同时收到胸前交叉(图5-68)。

图5-68

（4）1～8拍4次迈步后屈腿，第7拍左腿后交叉，同时双手握拳向前，再收回到腰间（图5-69）。

图5-69

第二个4×8拍动作相同，但方向相反。

5. 组合四：(4×8×2拍)

（1）1～8拍4次小马跳，1次转体180度，同时双手握拳（图5-70）。

图5-70

（2）1～8拍并步跳接前、后漫步（图5-71）。

图5-71

（3）1～4拍连续弹踢腿跳前交叉，同时第1拍手臂一前一侧，第2拍双手胸前交叉，第3拍同第1拍，第4拍还原（图5-72）。

图5-72

（4）1～4拍侧步摆腿跳接1/2漫步，5～8拍侧并步2次（图5-73）。

图5-73

6. 结束动作

右脚向侧开步成右弓步，同时左手向前伸直，右手向上伸直亮相（图5-74）。

图5-74

第二个4×8拍动作相同，但方向相反。

五、踏板操

踏板操，即在踏板上随着动感音乐（每分钟120拍左右）有节奏地上下舞动，进行健美操的动作和步伐。

1. 重心移动

要顺畅完成板上、板下的过渡，身体重心及时、准确移动是这项练习的前提和基础。为实现身体重心的移动，首先要靠双腿交替用力，以及躯干及时向运动方向跟进，两者同步，才能使整个身体重心完整移动，达到移动练习的要求。

2. 缓冲

缓冲技术是踏板操，甚至是有氧健身练习的基础技术。合理的缓冲技术能够保证身体安全。对于踏板操，缓冲能为完成下一个动作积蓄力量。缓冲可以通过两种途径来实现：

（1）增加缓冲的距离：如下踏板时，先前脚掌触地，再过渡到脚跟并配合膝、髋关节的弯曲，就可以使下板时对身体的冲击降低许多。

（2）积极主动退让：这种方式在踏板操中经常被采用。踏板课上经常会出现单腿在板上支撑完成动作的情况，因此大腿及臀大肌经常在收缩对抗后，马上转入被动拉长的退让，这样保证动作的连贯及安全。

3. 控制身体

整体的运动需要身体各部分的协调配合。在踏板操中最重要的是腰腹控制，特别当身体重心在踏板上时，腰腹的控制能起到平衡身体的作用，为下肢完成各种动作打好基础。控制身体的移动要靠相关肌肉收缩来实现，而肌肉长时间处于紧张收缩状态，必然会僵化。所以，调整各部位肌肉的用力强度非常重要。

4. 踏板操的基本动作

踏板动作包括板上动作、板下动作、上下板连接动作。独立的板上动作和板下动作都是健美操基本动作及其变形。因此，踏板的基本动作主要指上下板连接动作，包括点板类、双腿依次上下板类和双腿同时上下板类。

第七节　24式太极拳

24式简化太极拳也叫简化太极拳，是国家体委（现国家体育总局）于1956年组织太极拳专家汲取杨氏太极拳之精华编成的。尽管它只有24个动作，但相比传统的太极拳套路来讲，其内容更显精练，动作更显规范，并且也能充分体现太极拳的运动特点。

课程资源扫码
即可观看

一、起势

两脚开立—两臂前举—屈膝按掌。

二、野马分鬃

① 收脚抱球—左转出步—弓步分手。

② 后坐撇脚—跟步抱球—右转出步—弓步分手。
③ 后坐撇脚—跟步抱球—左转出步—弓步分手。

三、白鹤亮翅

跟半步胸前抱球—后坐举臂—虚步分手。

四、搂膝拗步

① 左转落手—右转收脚举臂—出步屈肘—弓步搂推。

② 后坐撇脚—跟步举臂—出步屈肘—弓步搂推。
③ 后坐撇脚—跟步举臂—出步屈肘—弓步搂推。

五、手挥琵琶

跟步展手—后坐挑掌—虚步合臂。

六、倒卷肱

两手展开—提膝屈肘—撤步错手—后坐推掌，重复四次。

七、左揽雀尾

右转收脚抱球—左转出步—弓步掤臂—左转随臂展掌—后坐右转下捋—左转出步搭腕—弓步前挤—后坐分手屈肘收掌—弓步按掌。

八、右揽雀尾

后坐扣脚、右转分手—回体重收脚抱球—右转出步—弓步掤臂—右转随臂展掌—后坐左转下捋—右转出步搭手—弓步前挤—后坐分手屈肘收掌—弓步推掌。

九、单鞭

左转扣脚—右转收脚展臂—出步勾手—弓步推举。

十、云手

右转落手—左转云手—并步按掌—右转云手—出步按掌，重复三次。

十一、单鞭

斜落步右转举臂—出步勾手—弓步按掌。

十二、高探马

跟步后坐展手—虚步推掌。

十三、右蹬脚

收脚收手—左转出步—弓步画弧—合抱提膝—分手蹬脚。

十四、双峰贯耳

收脚落手—出步收手—弓步贯拳。

十五、转身左蹬脚

后坐扣脚—左转展手—回体重合抱提膝—分手蹬脚。

十六、左下势独立

收脚勾手—蹲身仆步—穿掌下势—撇脚弓腿—扣脚转身—提膝挑掌。

十七、右下势独立

落脚左转勾手—蹲身仆步—穿掌下势—撇脚弓腿—扣脚转身—提膝挑掌。

十八、左右穿梭

落步落手—跟步抱球—右转出步—弓步推架—后坐落手—跟步抱球—左转出步—弓步推架。

十九、海底针

跟步落手—后坐提手—虚步插掌。

二十、闪通臂

收脚举臂—出步翻掌—弓步推架。

二十一、转身搬拦捶

后坐扣脚右转摆掌—收脚握拳—垫步搬捶—跟步旋臂—出步裹拳拦掌—弓步打拳。

二十二、如封似闭

穿臂翻掌—后坐收掌—弓步推掌。

二十三、十字手

后坐扣脚—右转撇脚分手—移重心扣脚划弧。

二十四、收势

收脚合抱—旋臂分手—下落收势。

第六章

体育锻炼与卫生保健

第一节 常见运动损伤概述

一、运动损伤的原因

在体育运动中所发生的损伤，统称为运动损伤。造成运动损伤的直接原因较多，主要有以下几个方面。

（1）思想上不够重视

运动损伤的发生，常与学生对预防运动损伤的意义认识不足、思想上麻痹大意及缺乏预防知识有关，如运动前不检查器械、预防措施不得力、好胜好奇等。

（2）运动前准备活动不充分，特别是缺乏有针对性的准备活动。人体从相对静止状态过渡到紧张的运动状态，必须依靠准备活动来提高神经系统和运动系统的兴奋性。缺乏准备活动或准备活动不合理、不充分，就很容易发生运动损伤。

（3）情绪影响下的伤害事故

运动情绪低下或在畏难、恐惧、害羞、犹豫和过分紧张时容易发生伤害事故。有时也会因缺乏运动经验和缺乏自我保护能力而产生损伤，如摔倒时用肘部或直臂撑地，会造成肘关节或尺、桡骨损伤。

（4）训练及技术失误

内容组合不科学、方法不合理、纪律松散和技术上的错误等，都可能造成损伤。如投掷标枪时上臂外展，屈肘小于90度，肘部低于肩部，容易造成肌肉拉伤，甚至肱骨骨折。

（5）运动场地狭窄，地面不平坦，器械安置不当或不坚固，锻炼者拥挤或多种项目在一起运动，容易相互冲撞致伤。

（6）动作粗野或违反规则

在比赛中不遵守比赛规则，或在教学训练中相互逗闹，动作粗野，故意犯规等，是篮球、足球等项目中发生损伤的重要原因。

（7）不良环境的影响

空气污浊、噪声、光线暗淡、气温过高或过低等原因，都可直接或间接地造成伤害事故。

二、运动损伤的预防

在体育锻炼中，如果忽视运动损伤的预防工作，或者未能积极采取各种有效的预防措施，就可能发生各种运动伤害事故。因此，有必要了解各种造成运动损伤的原因，并及时总结规律，把握导致损伤的特点，预防在先。

① 加强运动安全教育，克服麻痹思想，提高预防损伤意识。

② 认真做好准备活动。准备活动要有针对性，不同项目重点活动的部位不同；天冷时准备活动时间可长一些，天热时也不要忽视准备活动；对可能发生运动损伤的环节和易伤部位，要及时采取预防措施。

③ 合理组织安排锻炼，合理安排运动量，防止局部运动器官负担过重。

④ 加强易伤部位和相对薄弱部位的练习，提高其机能，是预防运动损伤的积极措施。

⑤ 提高自我保护能力。如摔倒时，立即屈肘低头，团身滚动，切不可直臂或肘部撑地；由高处跳下时，要用前脚掌着地，注意屈膝、弯腰，两臂自然张开，以利于缓冲和保持身体平衡；面对粗野动作，要及时闪避，不要"硬碰硬"，尽量避免身体直接接触。

三、运动损伤的处理

体育锻炼中出现的损伤多为闭合性软组织损伤，如扭伤、挫伤和肌肉拉伤等，这种损伤一般可分为早期、中期和后期三个时期。其中，早期是指伤后24～48小时，严重的可持续72小时；中期是指伤后48小时至6周；后期则是指伤后3周至12个月。但这三个时期之间并没有明显界限，它们除与受伤程度有关外，还与伤后能否得到及时合理的急救处理、治疗及康复有关。处理得当，愈合过程可缩短且可以不留或少留后遗症，否则将可能有相反的结果。

1. 早期

这一时期最长可持续72小时，主要是组织撕裂或断裂后出现血肿和水肿，出现反应性炎症，表现为不同程度的红肿热痛及功能障碍。此时，处理原则主要是防止内出血、制动、防肿和止痛。处理办法为：立即停止活动，以减少出血；用冷水浸泡或用冰块冷敷受伤部位以达到止血、防肿和止痛效果；用绷带加压包扎防止肿胀的扩大。需要注意的是，早期肿胀形成越小，后期康复就越容易，早期的正确处理对治疗运动损伤起着关键性的作用。

2. 中期

此时伤处开始消肿。热疗可在伤后24～48小时进行，以消除水肿，促进机体尽快吸收，并减少瘢痕形成。还可用针灸、按摩等治疗方法，并应尽早进行受伤部位的功能锻炼。热疗和按摩在此期的治疗中极为重要。热敷时温度不要太高，时间不要太长，避免烫伤；按摩手法应从轻到重，从损伤周围到损伤局部，以免加重伤势，造成再出血。

3. 后期

在此时期主要是提高肌肉、肌腱和其他组织的功能，治疗方法主要是加强受伤部位的功能锻炼，负荷可以逐渐增加，直至剧烈运动；另外配合热敷、按摩等治疗方法。

四、常见的运动损伤

1. 开放性软组织损伤

开放性软组织损伤主要包括擦伤、撕裂伤、刺伤和切伤等。擦伤是因皮肤受摩擦所致的皮肤黏膜伤。轻度擦伤可用碘伏涂抹，不需要包扎即可痊愈。重度擦伤应首先用生理盐水和过氧化氢冲洗消毒，然后再用消过毒的敷料包扎。撕裂伤、刺伤、切伤等发生后，皮肤都会有不同程度的规则或不规则的裂口，早期处理主要是清创、缝合和抗破伤风。伤口内有异物者应先清除，然后再止血缝合包扎。

2. 挫伤

挫伤是因外来钝性暴力作用或运动员相互撞击导致的损伤，一般会出现红热肿痛及功能障碍，即俗称的"硬伤"。轻者可以按照闭合性软组织损伤处理；伤及头部、胸部、腹部和睾丸等严重挫伤者可合并其他内伤，并出现脑震荡、休克等现象，应注意观察，及时抢救，并迅速转送到医院。

3. 肌肉拉伤

肌肉拉伤是体育运动中常见的损伤，在准备活动不充分或肌肉疲劳时较易发生。另外，压腿或者劈叉时因幅度过大也容易发生肌肉拉伤。肌肉拉伤会严重影响锻炼、生活和学习。发生肌肉拉伤后，轻者会出现少量肌纤维撕裂，可立即做冷敷、加压包扎和抬高患肢处理，然后让肌肉处于松弛位固定休息，中后期可以采取按摩、针灸等治疗方法；严重者会出现肌肉完全断裂，应及时送至医院缝合处理。

4.腰肌劳损

腰肌劳损是引起慢性腰痛的重要原因。腰肌劳损主要是因腰部活动过多引起长期负荷过度，进而产生多次微细损伤的积累所致，或者是因急性腰扭伤后治疗不彻底，并与多次损伤一起逐渐演变所致。长期姿势不正确或固定于某种体位、运动后受凉等都是致病因素。患者若坚持中小运动负荷锻炼，则会出现运动前、后腰部疼痛。而症状较重者，则完全不能运动。按摩、针灸和拔罐等方法对治疗腰肌劳损有较好的效果，运动时可用腰部保护带（护腰），并注意加强腰背肌练习。

5.踝关节扭伤

踝关节扭伤在足球、篮球项目中发生率较高，主要原因是跳起或落下时重心不稳、踩在别人脚上或者场地凹凸不平。踝关节扭伤后要及时治疗，避免出现习惯性扭伤。在发生踝关节扭伤后，要及时进行现场处理。最容易犯的错误是不检查、不包扎就放冷水冲，本想止血，但反而因水的冲击使其迅速肿胀，不但达不到冷敷的目的，反而会使肿胀更加严重。

较合理的处理措施是立即用手指压迫止血，同时做强迫内翻试验及踝关节抽屉试验检查，判断损伤的程度。也可使关节小的错动复位，然后可用冰敷或蒸发冷冻剂喷洒降温并加压包扎，抬高患肢，并按闭合性软组织损伤处理，或送医疗单位处理。为避免习惯性扭伤，重新运动时要打弹性绷带进行包扎固定，并协助踝关节发力，限制踝关节过度内翻，这对预防二度扭伤有较好的作用。

第二节　体育锻炼中常见运动性疾病

运动性疾病是指运动员训练不当造成体内各系统和器官的疾病或异常体征。常见的有过度训练、运动性晕厥、运动性腹痛、肌肉痉挛、运动性贫血、运动性血尿等。

一、过度训练

过度训练是指运动员由于疲劳的连续积累而导致机体出现功能紊乱或病理状态的训练和比赛。

1.导致过度训练的原因

（1）训练安排不当

在运动训练中没有遵守循序渐进和系统训练原则，持续长时间进行高强度的训练；训练中没有根据个体的差异区别对待；训练内容单一，缺乏全面身体素质训练，片面追求单项成绩。训练安排不当是过度训练最主要的原因。

（2）比赛安排不当

比赛前训练不够；连续比赛缺乏足够休息，赛后体力未完全恢复即投入大运动负荷的训练；伤病后过早参加训练和比赛。

（3）其他原因

生活规律遭到破坏、睡眠不足、营养不足、环境不良、心理压力大等均会使身体的功能下降，导致过度训练的发生。

2. 过度训练的表现

运动员过度训练后，常见症状为胸闷、心慌、气短以及心律不齐、血压增高且不稳定、血红蛋白下降、恢复期延长等。早期或轻度患者还主要表现为一系列的神经症状，如身体软弱无力、倦怠、精神不振、无训练欲望甚至厌烦训练，心理上有压抑感且缺乏信心。有的运动员表现为情绪波动较大、爱激动和发脾气，或反应迟钝，对周围事情淡漠健忘，失眠或嗜睡现象，注意力不集中等。

3. 过度训练的处理方法

一旦具有过度训练的征象，就要适当减少运动负荷，控制负荷强度和负荷量，减少参加激烈比赛的次数，暂时避免进行高难度动作，必要时可暂停专项练习内容，多做一些辅助练习和放松练习。此外，在恢复过程中要保证充足的睡眠，增加积极性休息的时间，采取有效的恢复措施，如按摩、温水浴等，加强营养，多吃新鲜蔬菜和水果，适当服用药物等。

4. 过度训练的预防措施

体育锻炼要循序渐进，持之以恒。开始运动时，运动量要小些，有10～14天的观察反应期。对没有锻炼习惯的人，参加锻炼后，可能不适应，表现为劳累、肌肉酸痛、食欲稍减，甚至睡眠不佳。适应后再逐渐增加运动量，每增加一级负荷量，都要有一段适应期。对多数人来讲，一般运动量的增加不是直线上升，而是波浪式渐进的，增加运动量时应以延长锻炼时间为主，不宜强调加快速度。同时，锻炼一定要系统地进行，要持之以恒。只有这样的锻炼才能使身体结构和机能发生有利的变化，增强体质。

二、运动性晕厥

在运动中或运动后，由于脑部缺血或脑血管痉挛，而引起的暂时性知觉丧失现象，称为运动性晕厥。

（1）导致运动性晕厥的原因

造成暂时性脑缺血的原因较多，精神过分激动、有病参加运动、长时间的站立或久蹲后突然站起的情况下，都可能发生晕厥。特别是在赛跑后立即停止不动，由于下肢毛细血管和静脉失去了肌肉收缩时对它们的节律性挤压作用，加上血液本身受到的重力影响，大量血液积聚在下肢舒张的血管中，造成回心血流量和心输出量的减少，使脑部供血不足，就可引起晕厥，也称作"重力性休克"。

（2）运动性晕厥的表现

晕厥前，常伴有身体软弱、头昏、目眩、耳鸣、面色苍白等症状。晕厥后，手脚发凉、脉搏跳动缓慢且弱、血压降低、呼吸迟缓、恶心呕吐、意识不清或丧失等。一般轻度晕厥，休息片刻后，症状就会明显减轻。重度晕厥，身体和意识恢复要稍长一些时间，清醒后仍伴有头痛、头晕、精神不佳等症状。

（3）运动性晕厥的处理方法

当晕厥症状出现后，应减轻或停止运动，进行慢走、蹲下或平卧休息，症状就可逐渐消失。如果晕厥比较严重，应让病员安静平卧，抬高足部，注意保暖，松解衣领腰带，用热毛巾擦脸，做向心方向按摩来加速回心血液流动。一般休息片刻后就可恢复，如果症状继续加重，应速请医生治疗。

（4）运动性晕厥的预防措施

平时要坚持锻炼身体，运动前要做好充分的准备活动。运动时，量和强度要控制好。赛跑后要继续放松慢跑，并配合做深呼吸。身体虚弱或患病时不要参加较剧烈的运动。

三、运动性腹痛

运动中或运动后所发生的腹部疼痛，在中长距离跑中特别容易发生。

1. 导致运动性腹痛的原因

（1）准备活动不充分

由于内脏器官还处于"惰性"状态，就开始进行较大强度的运动，内脏器官跟不上运动系统的需要，引起肝脾瘀血而发生腹痛。

（2）呼吸肌痉挛

剧烈运动时，容易打乱均匀、有节奏的呼吸方式，导致呼吸变得急促，造成肌肉疲劳。膈肌在疲劳后会减弱它对肝脏的"按摩"作用，致使肝脾发生瘀血肿胀引起腹痛。

（3）胃肠痉挛

运动前吃得过饱，喝得过多（尤其是冷饮），饭后过早运动，空腹运动引起胃酸过多或冷空气对胃的刺激等，都可引起胃痉挛；运动前吃了容易产气或难以消化的食物（如豆类、牛肉等），腹部受凉等，均可引起肠痉挛。

2. 运动性腹痛的表现

腹部可分为上、中、下和左、中、右各3个部分，共9个区。上区腹痛者，多为肝脏瘀血；中上区腹痛者，多为胃痉挛；左上区腹痛者，多为脾脏瘀血；腹中部痛者，多为肠痉挛。

3. 运动性腹痛的处理方法

运动中发生腹痛，一般只要降低运动强度，加深呼吸并调整呼吸节奏，按压疼痛部位弯着腰跑一段，症状就可以减轻或消失。如果疼痛进一步加剧，就应立即停止运动或请医生治疗。

4. 运动性腹痛的预防措施

合理安排饮食，运动前要避免吃得过饱、吃难消化的食物或饮水过多。饮食后须经1.5～2小时后，才可进行较剧烈的运动。运动前要充分做好准备活动，运动中注意呼吸的节奏，中长跑时要合理安排好速度。夏季运动要适当补充盐分。

四、肌肉痉挛

肌肉痉挛，又称抽筋，是肌肉发生的不自主强直收缩。运动中最容易发生痉挛的肌肉是小腿腓肠肌，其次是足底的屈拇肌和屈趾肌。

1. 导致肌肉痉挛的原因

（1）大量排汗

进行长时间剧烈运动时，特别是在夏季由于温度过高，身体会大量排汗，体内氯化钠含量下降，就可引起肌肉痉挛。

（2）寒冷刺激

在温度较低的环境中进行运动，若准备活动不充分，肌肉突然受到寒冷空气的刺激时，就可能发生肌肉痉挛。

（3）肌肉收缩失控

肌肉连续收缩或长时间处于运动状态，容易使肌肉发生疲劳，引起肌肉痉挛。

2. 肌肉痉挛的表现

肌肉痉挛时，局部的肌肉产生剧烈收缩并变得坚硬和隆起，疼痛难忍，且一时不能缓解。痉挛肌肉所涉及的关节，伸屈功能有一定的障碍。

3. 肌肉痉挛的处理方法

牵引痉挛肌肉，并配合局部按摩。如腓肠肌痉挛时，伸直膝关节，并做足的背伸运动。屈拇、屈趾肌痉挛时，则用力将足趾背伸。最好由同伴协助，但切忌施力过猛。按摩采用重推、揉捏、叩打、点穴等手法，即可得到缓解。

4. 肌肉痉挛的预防措施

运动前要充分做好准备活动，对容易发生痉挛的肌肉，可适当做牵引并辅之以按摩。夏季运动时，应注意补充盐分；冬季锻炼时，要注意保暖。另外，当身体处于疲劳和饥饿时，不宜进行剧烈运动。

五、运动性贫血

贫血是指血液中的红细胞和血红蛋白低于正常值，有的人剧烈运动之后，出现面色苍白、头晕目眩、心慌气促、四肢无力、精神萎靡等症状，即运动性贫血。

1. 导致运动性贫血的原因

（1）红细胞破裂血红蛋白分解

剧烈运动引起贫血的原因主要是红细胞的破裂，血红蛋白从红细胞中溢出，并丧失输氧和排出二氧化碳等功能。

（2）大量排汗使铁随汗排出

运动中大量排汗使体内的铁元素随汗排出，而铁是人体造血的主要原料，若不及时补充，可因失铁过多而引起缺铁性贫血。

2. 运动性贫血的表现

主要为缺血缺氧表现：头晕、眼花、乏力、易疲劳、食欲下降、运动中心悸气促、运动成绩下降、皮肤黏膜苍白、指甲凹陷、心率加快、心尖部吹风样收缩期杂音、呼吸加快。

3. 运动性贫血的处理方法

① 调整运动量。
② 营养供应充足，食物中应含有丰富的蛋白质、铁、维生素。
③ 抗贫血药物和助消化药物的使用。

4. 运动性贫血的预防措施

预防运动性贫血：首先，要加强营养，保证有充足的蛋白质和铁质的供应。其次，参加体育锻炼时应循序渐进，尽量不超越自身的生理负荷。再次，在运动前后适当补充一些抗氧化剂，如维生素C和维生素E，能够增强红细胞抗氧能力。最后，万一出现了运动性贫血的症状，应及时减少运动量，并补充蛋白质和适量的铁剂、叶酸和维生素等造血原料，症状就会很快减轻或消失。

六、运动性血尿

运动性血尿是指运动员或健康人在运动后出现一过性血尿，经详细检查找不到其他原因，这类血尿称为运动性血尿。

（1）导致运动性血尿的原因

运动性血尿的发病原因还未完全清楚，多数学者认为与下列因素有关：肾损伤、肾脏缺氧、肾静脉高压、膀胱损伤。

（2）运动性血尿的表现

运动性血尿的出现一般无明显先兆，多在一次大强度训练或比赛后突然出现肉眼血尿（尿呈洗肉水样），多无不适，个别运动员可能伴随乏力、食欲下降、头痛等症状。

（3）运动性血尿的处理方法

运动后即刻出现血尿，其明显程度与运动量的大小和运动强度有关。出现血尿后应该立刻停止运动，一般不超过3天，则血尿迅速消失。等血尿消失后，如果不放心可以查一下肾功能。血尿之后的一周应该休息调整，然后再运动，运动量一定要循序渐进，不要马上进行大运动量的运动，以免再次造成肾脏损伤。

（4）运动性血尿的预防措施

预防运动性血尿应遵循以下训练原则：

① 遵循循序渐进原则。

② 注意全身负荷和局部负荷的调配。

③ 根据运动员身体状况合理安排运动负荷。

第三节 体育锻炼中常见运动损伤的处理方法

在体育课与课外活动中，经常可能出现学生发生运动损伤的情况，而多数学生对受伤后的正确处理方法不了解，事情发生后往往会手足无措。一项在学生中的调查也表明，95%的学生不能正确说出受伤后该如何处理，90%以上的学生在运动受伤后求助于体育老师，5%的学生求助于校医。这说明学生还是缺乏对运动损伤基本常识的了解。下面介绍几种常见运动损伤的处理与急救方法。

一、擦伤

擦伤是运动中最常发生的一种损伤，多发生于对抗性项目活动及摔倒等意外情况下，表现为皮肤被擦破出血或有组织液渗出，有一定的创口。

处理方法：用生理盐水洗净创口，若有砂石等杂物，应用消毒工具清理干净。对于面积小的伤口，可用75%的酒精棉球清洁消毒伤口周围皮肤；若伤口较深，应局部擦红药水，严重者应到医院处理并注射"破伤风"针，不能直接用自来水冲洗伤口。

二、扭伤

在运动中，由于场地不平以及跳起落地时身体失去平衡等原因，常发生关节等部位的扭伤，其中以踝关节过度内翻扭伤最为常见，表现为关节出现普遍肿胀、行走疼痛等。

处理方法：冷敷扭伤部位，用绷带加压包扎。24小时后，可根据伤情用外伤药外敷、按摩并及早进行踝关节功能的恢复性锻炼。受伤后切勿活动或按摩受伤关节。

三、肌肉拉伤

学生准备活动不充分，或在剧烈的运动中由于外力作用，关节发生了超范围的活动，造成了肌肉或韧带的拉伤，表现为受伤局部红、热、肿，受伤部位有刺痛感。

处理方法：早期采用冰袋或冷水进行冷敷；中期（24小时后）可用盐水热敷、按摩、外贴活血膏等；晚期以功能锻炼为主。

第四节　出血与骨折的急救

急救是在运动现场对急性运动损伤进行的抢救性处理。急救的目的是保护伤者生命、避免再度损伤、防止伤口污染、减轻痛苦、预防并发症，为伤员的转运和下一步治疗创造条件。

一、出血的急救

成人体内总血量约为本人体重的十分之一，若骤然出血达总量的三分之一时，就有生命危险，所以及时止血非常重要。

健康成人全身血液总量在4000～5000毫升左右，若急性大量出血达全身血液总量的20%左右，人即可出现乏力、头晕、口渴、面色苍白、心跳加快等全身贫血症状。若出血量达全身血量的30%，即可出现休克甚至威胁到生命。因此，对有出血的伤员，尤其是大动脉出血，必须在急救的早期立即给予止血。

1. 出血的分类

根据受伤血管的不同，可分为动脉出血、静脉出血和毛细血管出血。

（1）动脉出血

由于动脉血管内压力较高，所以出血时呈泉涌、搏动性，尤其是大的动脉血管破裂，血液呈喷射状，颜色鲜红，常在短时内造成大量失血，易引起生命危险。

(2) 静脉出血

出血时缓缓不断地外流，呈紫红色。如大静脉出血，往往受呼吸运动的影响，吸气时流出较缓，呼气时流出较快。

(3) 毛细血管出血

血色介于动脉血和静脉血之间，血液在创面上呈点状渗出并逐渐融合成片，多能自动凝固止血，一般没有危险性。

2. 止血方法

(1) 冷敷法

常用于急性闭合性软组织损伤，可使血管收缩，减少局部充血，降低组织温度，抑制神经感觉，有止血、止痛、防肿、退热的作用，一般用冷水或冰袋敷于损伤局部，常与加压包扎和抬高伤肢法同时使用。

(2) 抬高伤肢法

抬高受伤肢体使肢体高于心脏15～20度角，使出血部位压力降低，此法使用于四肢小静脉或毛细血管出血止血。常在绷带加压包扎后使用，在其他情况下仅为一种辅助方法。

(3) 加压包扎法

有创口的可先用消毒的敷料盖好，之后以绷带加压包扎，此法适用于小静脉和毛细血管出血止血。

(4) 间接指压法

用手指把身体浅部动脉压在相应的骨面上，阻止血液的来源，可暂时止住该动脉供血部位的出血，此法适用于动脉出血的临时止血。

3. 几个常见部位的出血

(1) 肩膀和上臂出血

可压迫锁骨下动脉，压迫点位于锁骨上窝，胸锁乳突肌外缘，用手指将该动脉向后正对第一肋骨压迫。

(2) 前臂出血

可压迫肱动脉，压迫点位于上臂内侧中点，使患肢外展，用拇指压迫上臂内侧（图6-1）。

(3) 手指出血

可压迫指动脉，压迫点在第一指节近端两侧，用拇食两指相对夹压（图6-2）。

(4) 大腿部出血

压迫股动脉，压迫点在腹股沟皱纹中点脉搏搏动处，用手掌或拳向下方的股骨面压迫。

(5) 小腿部出血

压迫腘动脉，压迫点位于腘横纹中点。

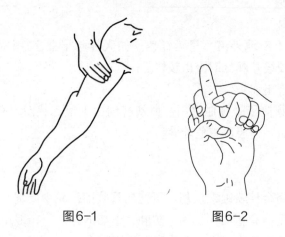

图6-1　　　　　图6-2

二、骨折的急救

在外力的作用下，骨与骨小梁的连续性或完整性遭到破坏叫骨折。骨折急救的目的，在于用简单有效的方法抢救生命，保护患肢，使伤者能安全迅速地运送至医院。

1. 骨折的原因

骨折的原因主要是外界暴力，引起外伤性骨折的暴力，按其作用的性质和方式可分为直接、传达、牵拉和积累性暴力4种。

2. 骨折的症状与体征

① 疼痛。

② 肿胀和皮下淤血。

③ 功能障碍。

④ 畸形。

⑤ 异常活动或骨摩擦音。

⑥ 压痛和震痛。

3. 骨折的急救原则

（1）防治休克

严重骨折、多发性骨折或同时合并其他损伤，伤员均易发生休克。急救时注意预防休克，若是休克必须先抗休克再处理骨折。骨折后及时固定可避免断端移动，防止加重损伤。若未加固定不可随意移动伤员，尤其是大腿、小腿和脊柱骨折的伤员。伤员有伤口出血时，应先止血，清洗创面再包扎伤口并固定。

（2）就地固定

骨折后及时固定可避免断端移动，防止加重损伤；固定后伤肢较为稳定与安静，可减少疼痛，便于伤员转运。未经固定，不可随意移动伤员，尤其是大腿、小腿和脊柱骨折的伤员。

（3）先止血再包扎伤口

伤员有伤口出血时，应先止血，清洗创面再包扎伤口并固定。

4. 骨折的临时固定

骨折时，用夹板、绷带将折断的部位固定包扎起来，使伤部不再活动，称为临时固定。其目的是减轻疼痛，避免再伤和便于转送。

临时固定的注意事项如下。

① 骨折固定时不要无故移动伤肢。

② 固定时不要试图整复。开放性骨折断端外露时，一般不宜还纳，以免引起深部污染。

③ 固定用夹板或托板的长度、宽度，应与骨折的肢体相称，其长度必须超过骨折部的上、下两个关节。

④ 固定的松紧要合适、牢靠，过松则失去固定的作用，过紧会压迫神经和血管。

5. 几种常见骨折的固定法

（1）前臂骨折

用2块有垫夹板分别放在前臂的掌侧和背侧，前臂处于中立位，屈肘90度，用3～4条宽带缚扎夹板，再用大悬臂带把前臂挂在肩前（图6-3）。

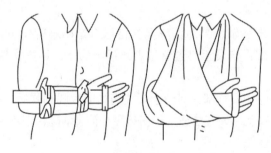

图6-3

（2）手腕部骨折

用一块有垫夹板放在前臂和手的掌侧，手握绷带卷，再用绷带缠绕固定，然后用大悬臂带把患臂挂于胸前（图6-4）。

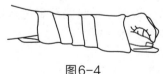

图6-4

（3）小腿骨折

用2块有垫夹板放在小腿内、外侧，2块夹板上至大腿中部，下至足部，用4～5条宽带分别放在膝上、膝下及踝部缚扎固定（图6-5）。

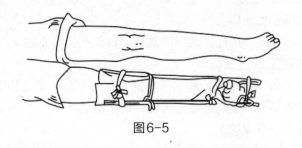

图6-5

第五节 搬运伤员的方法

搬运伤员的方法很多，根据不同条件、不同情况大致有以下几种方法。

一、徒手搬运法

徒手搬运法适用于伤势轻和搬运距离较短的伤员，分为单人、双人和多人搬运法。

（1）扶持法

扶持法适用于伤势轻、神志清醒而又自己行走困难的伤员。急救者位于伤员体侧，一手抱其腰部，伤员手绕过急救者颈后至肩上，两人协调缓行。

（2）抱持法

急救者一手抱住伤员背部，另一手托住伤员的大腿和膝后，将伤员抱起，伤员一侧臂挂在急救者肩上。该方法适用于伤势轻、神志清醒，但不能自己行走的伤员。

（3）托椅式搬运法

两名急救者相对而立，各以一手互握对方前臂，另一手互搭在对方肩上。伤员坐在急救者互握的手上，背部支持于急救者的另一臂上。伤员两手分别搭于两名急救者肩上。该方法适用于神志清醒、足部损伤而行走困难的伤员。

（4）卧式3人搬运法

3名救护者同站于伤员的一侧。第一人以外侧肘关节支持伤员头颈部，另一肘置于伤员的肩胛下部；第二人用双手自腰至臀托抱伤员；第三人托抱伤员大腿下部及小腿上部。三人行走要协调一致。

二、器械和车辆搬运法

（1）担架搬运法

特制的担架可用棉被或毛毡垫好，注意患者保暖，若伤员神志不清时，需将其固定于担架上。如有脊柱骨折，不宜使用特制担架时，可用床板、门板等作临时担架。

（2）车辆搬运法

当伤员伤势严重，运送路程较远时，应用车辆，最好用救护车，车宜慢行，避免震动。

第六节 运动营养与保健

在运动中，体内的营养物质被消耗或分解。运动后，应根据不同项目的物质代谢特点及时补充营养，这样不仅能满足运动者生理恢复过程的需要，还能增强体育锻炼的效果，提高身体健康水平。运动中热能代谢的水平和营养素的需求，受到运动类型和项目、强度、密度、持续时间，以及运动者的年龄、体重、运动水平和环境等多种因素的影响。

一、体育锻炼与营养补充

食物与营养是人类生存的基本条件。人体摄入食物，目的是吸收食物中的糖类、脂肪、蛋白质、矿物质、维生素、水和膳食纤维。这七大营养素是维持生命必不可少的物质，缺少任何一种，人都无法生存。而所谓均衡营养，就是从饮食中摄取各种营养素，以供人体新陈代谢及活动所需。

（一）糖类

1. 来源及功能

糖类也称碳水化合物，主要是一类含碳、氢、氧的物质。常见的糖类有葡萄糖、果糖、蔗糖和淀粉。糖类的功能包括以下几方面。

① 提供热能。糖类能迅速氧化分解供给人体热能，是机体热能的主要来源。
② 帮助脂肪酸氧化，帮助肝脏解毒，促进生长发育。
③ 血糖供给身体营养，糖原可储存于人体肌肉及肝脏中以备急时之需。
④ 构成身体组织。所有的神经组织和体液中都含有糖类。

2. 运动营养补充

运动员在大强度训练期间，要保证其膳食中有充足的糖类，其含量应达到总热量供给的70%～75%，这对维持血糖水平、保证运动中糖氧化供能充分、运动训练后肝糖原和肌糖原水平快速恢复均有良好作用。长时间运动训练或比赛时，应在运动前或运动中适量补糖，可以减少糖原消耗，提高血糖水平，有利于提高运动能力，延缓疲劳的发生。研究证明，不同种类的糖，其补糖功效不同，如葡萄糖、蔗糖较易引起胰岛素升高反应，而果糖的此种反应较小；低聚糖对增加糖原储备、维持血糖、减少胰岛素升高反应、提高运动能力等有良好作用。运动后补充糖类可促进糖原储备的恢复。运动后即刻摄入果糖对恢复肝糖原的效果较好，葡萄糖与蔗糖可使肌糖原储备在24小时后保持较高水平。

对参加一般体育锻炼的大学生而言，不必过多食用高糖膳食或补糖，以防热能积蓄而发胖。但从事耐力项目的高水平学生，应适当增加糖类的摄入量，以满足运动训练和比赛的需要。

（二）脂肪

1.来源及功能

脂肪是油和脂的总称。脂肪的主要来源包括动物油脂（如猪油、牛油）、植物油脂（如菜籽油、花生油、果仁）、蛋类和奶类。其主要生理功能包括以下几方面。

① 供给人体热量。每克脂肪氧化可产生9千卡的热量，是同等单位的蛋白质和糖类产生热量的2倍多。

② 构成体内细胞。脂肪是构成细胞的重要成分。

③ 帮助维生素溶解。维生素A、维生素D、维生素E和维生素K是脂溶性维生素，只有脂肪存在时才能被人体吸收利用。

④ 保护内脏器官，形成皮下脂肪以维持体温。

2.运动营养补充

大学生膳食中适宜的脂肪含量应为总热量的25%～30%。高脂肪膳食氧的利用率较低，加之脂肪不易消化、在胃内停留时间长，且在运动时人的消化机能常处于抑制状态，因而不宜在运动前食用高脂肪食物。因此，大学生的日常膳食应避免过多摄入脂肪。当然，脂肪不足时，会影响食物的质量及口感，也会造成食物的摄取量减少，而且运动员的膳食要求量少质精、发热量高，所以也不可过多减少脂肪的供给量。

（三）蛋白质

1.来源及功能

蛋白质是组成人体的主要成分之一，是生命的基础。除水以外，蛋白质在人体细胞中的含量比其他任何成分都高。蛋白质的主要来源有牛奶、鸡蛋、肉类和豆类等。其主要功能包括以下几方面。

① 构成机体、修补组织。人体的肌肉、血液、皮肤、毛发等都是由蛋白质构成的。

② 调节生理功能。人体内的酶、激素、抗体等，也都直接或间接由蛋白质构成。
③ 供给能量。每克蛋白质在机体内氧化可释放出4千卡的热能，供代谢所需。

2.运动营养补充

运动员的蛋白质日摄入量应高于一般人，其中成年运动员为每千克体重1.8～2.0克，少年运动员为每千克体重2.0～3.0克，儿童运动员为每千克体重3.0～3.4克。运动员的蛋白质供热量应为一日总热量的12%～15%（或者15%～20%）。对参加体育锻炼的大学生来说，饮食中应适当增加蛋白质。参加业余训练的高水平大学生运动员，可参照运动员的标准供给蛋白质。

（四）矿物质

1.来源及功能

矿物质包括不同的金属与非金属元素。矿物质（包括微量元素）的主要生理功能包括以下几方面。

① 构成机体组织。如钙、磷、镁是骨骼、牙齿的重要成分。
② 调节生理功能。一些矿物质是酶的活化剂。
③ 矿物质还参与调节体液平衡和维持机体的酸碱平衡。

对人体较重要的矿物质有三类：钙、磷和铁。钙的主要来源是牛奶、蛋、绿叶蔬菜、豆类和硬壳果；磷的主要来源是蛋、肉类、豆类和牛奶；铁的主要来源是动物肝脏、蛋黄、肉类、全谷、坚果和绿叶蔬菜。

2.运动营养补充

在运动过程中，人体代谢机能旺盛，因而对经常参加体育活动的大学生或运动员来说，体内的矿物质的营养状况对其健康和运动能力有重要影响。大学生较易缺乏的、对运动有特殊生理意义的矿物质有钙、磷、铁、锌、铜等。

大学生应注重从富钙的食品中摄取钙以预防骨营养不良。牛奶等奶制品的钙含量高、吸收率高，每天喝500克奶，可满足人体对钙的需求。磷广泛分布于食物中，且吸收率高于钙，一般情况下人不会缺磷。如果膳食中铁的含量不足，会造成运动性贫血和运动能力下降，预防性补铁时应采用小剂量铁。关于运动后锌需要量的研究尚不充分，但可以直接从富锌的食品中获取锌，如鲜肉等高蛋白食物。有关运动对铜代谢影响的报道不一，但长时间进行大强度训练和比赛，尤其是在高温、高湿的环境下训练的运动员应注意多摄入富含铜的食物，如甲壳类、动物肝肾、坚果类等食物。

（五）维生素

1.来源及功能

维生素是维持生命的元素，是人类食物中不可缺少的营养素。维生素不足会导致维生素缺乏症。维生素的来源很多，不同的维生素有不同的食物来源。

① 维生素A：来源于胡萝卜、绿叶蔬菜、蛋黄、动物肝脏、奶类等。

② 维生素B1：来源于糙米、豆类、酵母等。

③ 维生素B2：来源于米糠、豆类、内脏等。

④ 维生素C：来源于蔬菜、水果等。

⑤ 维生素D：来源于动物肝脏、蛋黄、鱼肝油等。

⑥ 维生素E：来源于植物油、胚芽、糙米等。

⑦ 叶酸：来源于各种绿叶植物、动物肝脏等。

2.运动营养补充

在热能营养充足和平衡膳食的情况下，大学生一般不会发生维生素缺乏症。但在大运动量训练或减体重期，由于热能营养不能满足需要，或添加食物的营养密度不够，以及蔬菜、水果摄入较少时，应适当补充维生素制剂。

（六）水

1.来源及功能

水是人体含量最多的营养素，占人体重的60%～70%。人体器官都含有水，如血液含水约83%，心脏含水约79%，肝脏含水约70%，骨骼也含有30%的水分。在正常状况下，人体通过皮肤、肺及大小便不断排出水分，同时也不断地摄取水来补充。每日所进的水分与所排出的水分几乎相等，这称为"水平衡"。若体内水分损失达到20%，便无法维持生命。水在人体内具有极其重要的生理功能。

① 水是细胞和体液的重要成分。

② 水是很好的润滑剂。水的黏度小，可使摩擦面润滑，减少损伤。体内各关节、肌肉、呼吸道等处都能分泌润滑剂。

③ 水能帮助体内消化、吸收、循环和排泄等。

④ 水能保持和调节体温。水的比热容高，能吸收较多的热量，以保持体温不发生明显的波动。例如，人体可通过出汗带走大量热量，从而有效地维持正常体温。

⑤ 水能保持脏器的形态和机能。体内水与蛋白质、糖和磷脂等结合形成胶体，使脏器维持一定的形态和坚固性。

2.运动营养补充

参加体育锻炼补水时，应少量多次，水温适宜。运动前补水为预防性补水，可以避免运动中脱水。合理的方法是运动前15～20分钟补水或饮料400～700毫升，要少量多次摄入，每次100～200毫升，分2～4次饮用。运动中也要适量补水，以保持水分的平衡。补液量根据排汗量而定，在一般情况下，每小时补液总量不要超过800毫升，在运动中可以每隔15～20分钟补液100～300毫升，或每跑2000～3000米补液100～200毫升。运动后也要注意补水，使进出机体的液体达到平衡。运动后补液同样要遵循少量多次的原则，切忌暴饮。运动后补液量可根据体重的丢失量确定，一般是运动前后体重差的150%，如运动前后的体重相差0.5千克，那么补充水量应控制在750毫升左右。

（七）膳食纤维

1.来源及功能

膳食纤维指的是人体不能消化的多糖，包括纤维素、半纤维素、果胶、树胶等。膳食纤维的主要生理功能包括以下几方面。

（1）预防便秘

由于膳食纤维有很强的吸水性，可在肠道内吸收水分，增加粪便体积并使之变软，利于排出。

（2）控制体重，防止肥胖

由于富含膳食纤维的食物体积较大，能量密度（即单位质量所含能量）较低，所以有利于减少能量摄入量。

（3）降低血液中胆固醇浓度

膳食纤维可抑制胆固醇的吸收，加速其排出，从而降低其在血液中的浓度。

2.运动营养补充

含膳食纤维较丰富的食物有谷类（特别是粗粮）、豆类、蔬菜、薯类、水果等。过多摄入膳食纤维将影响维生素和微量元素的吸收，建议每天膳食纤维的总摄入量为20～30克。

二、运动保健常识

（一）体育锻炼的个人卫生保健

1.定期进行体格检查

为了了解体育锻炼对增强体质的功效，了解运动中身体机能的变化状况，检查锻炼的方法是否正确、运动负荷是否适合等，应定期进行体格检查，从而进一步修订体育锻炼计划和改进锻炼方法。

2.运动前要做好准备活动

准备活动的作用在于提高中枢神经系统的兴奋性，扩大肌肉、肌腱和关节的活动范围，克服内脏器官机能的惰性，加强心血管和呼吸系统的活动能力，使机体各方面的功能适应锻炼或训练的需要，预防或减少肌肉、关节和韧带的损伤。准备活动的量和时间，可因锻炼项目、内容、强度和季节、气候的不同而有所差异,一般达到微微出汗,身体各大肌肉、韧带和关节都得到适量的活动,感到灵活、舒适即可。

3.运动后要做整理活动

运动结束时,应做些使身体放松的练习,这样可以使人体更好地从紧张的运动状态逐渐过渡到相对安静的状态。整理活动是促进体力恢复的一种有效措施。运动引起的一系列生理变化,并不会在运动停止的同时消失。如呼吸和血液循环等机能在运动停止后,还会维持在较高的水平上,它们需要一个恢复的过程。同时,整理活动可以改善肌肉的血液循环,使肌肉中血液流畅,有利于偿还"氧债",排出二氧化碳并清除其他代谢产物,以减轻肌肉的酸痛感,消除疲劳。

4.饭后不宜进行剧烈运动

有些人常常刚吃完饭便去打球或从事一些剧烈的运动,这是不符合体育卫生要求的。因为饭后胃肠已经开始紧张的工作,毛细血管开放,大量血液流入消化器官。此时若进行剧烈的运动,大量的血液就要从胃肠流入骨骼肌,使消化机能减弱。长此以往,轻则引起消化不良,重则发生如胃炎、胃溃疡等消化道慢性疾病。同时,饭后胃内已经积累了大量的食物,进行剧烈运动时,由于食物的重力和运动的颠簸作用,肠系膜受到牵拉,容易引起腹痛、呕吐等。因此,饭后应避免立即进行剧烈运动。

5.运动饮水卫生

参加体育锻炼时,由于出汗多,需要补充水分,不然会引起机体缺水,影响正常的生理机能活动,导致全身无力、口唇发干、精神不振和疲劳。但在剧烈运动中或运动后,都不宜一次性大量饮水。如果在运动中大量饮水,会使胃部膨胀,妨碍膈肌的活动,影响呼吸,不利于运动。同时,大量饮水会使血液体积增加,增加心脏、肾脏的负担。运动时饮水应以少量、多次为原则,同时,最好饮用接近于血浆渗透压的淡盐水或饮料,以保持体内水盐平衡。

(二)体育运动环境卫生

在运动环境中,空气、水和各种体育设施在人与人之间起着联系和媒介作用。运动场所如果通风不良、空气质量下降,可诱发体育运动参与者患呼吸系统疾病,水质污染则可传播皮肤病和病毒性结膜炎等疾病。因此,做好运动环境的卫生工作,对于更好地利用环境条件,发挥体育运动的效能、预防疾病和增进健康,具有十分重要的意义。

1.非正规的室外运动场所

许多非正规的室外运动场所,如公园、广场、健身走廊、人行道等,由于经济实惠、方便、环境好,吸引了越来越多的锻炼者。在非正规的室外运动场所进行锻炼时,应尽量选择绿化好、空气清新、噪声少、地面平坦干净的地点。如条件许可，可到海滨、森林、乡村、旷野等场所锻炼，这些地方空气新鲜、环境优美，令人心旷神怡，可收到较好的锻炼效果。

2.运动场馆

（1）室内体育馆的卫生

人们去体育馆的目的是参加或观看比赛和表演。根据运动员和观众的生理、心理等特点，体育馆除了应具有良好、舒适的馆内环境外，还应具有完善的卫生和生活服务设施。

（2）室外运动场的卫生

田径场和球场是学校最常见的室外运动场。田径场的跑道应坚固，不怕雨水冲淋，并具有一定的弹性和湿度。跑道的表面应平坦，无凹坑、碎石、浮土和其他杂物，也不能太滑，以防运动者滑倒摔伤。

3.运动服装与器械

运动服装应符合运动项目的要求，并具有透气性和吸湿性，既有利于身体活动，又能防止运动创伤。在夏季，运动服装应透气、质轻、宽松和色淡；在冬季，室外运动服装既要保暖，又不能妨碍动作的完成。运动后，潮湿的运动服装应立即换掉，以免受凉感冒。

运动时，使用的器械要坚固、安装得当，器械的重量和体积要符合规定及练习者的年龄和性别特点。平时应注意器械的检查和维修，防止生锈和连接处脱落，预防运动伤害的发生。

（三）女子体育卫生

女子参加体育锻炼，除注意普通卫生外，还要讲究某些特殊卫生。

1.女子体育锻炼的特点和内容的选择

女子肩部较窄，臂力较弱，做悬垂、支撑及大幅度摆动动作较吃力。学习这些动作时，要注意循序渐进，并给予必要的保护。

女子身体重心较低，柔韧性较好，适宜进行健美操等运动。在体育锻炼中，应注意保持和发展其柔韧性，有目的、有步骤地加强肩带肌、腹肌、腰背肌和盆底肌的锻炼。

女子不宜做过多的从高处跳下的练习，地面不可过硬，并注意落地姿势，以免身体受到过分震动而影响盆腔脏器的正常位置和骨盆的正常发育。

女子应根据自身的身体条件、体育爱好和特长积极参加体育锻炼，有效地发展力量、速度、耐力等素质，提高健康水平。

2.女子经期的体育卫生

月经期间，女子一般不出现明显的异常变化。因此，月经正常的女子，在月经期间可以参加适当的体育运动，如健美操、乒乓球、羽毛球或排球等。通过这些活动可以改善盆腔的血液循环，减轻盆腔的充血现象。腹肌和盆底肌收缩与放松的交替对子宫所起的柔和按摩作用也有助于经血的排出，使人感到舒畅。此外，丰富多彩的体育活动还可以调节大脑皮质的兴奋和抑制过程，从而减轻全身的不适反应。

① 月经期间不宜游泳。女子经期子宫内膜脱落后，子宫内会形成较大的创面，子宫颈口略为开大，宫腔与阴道口位置正对，游泳时病菌容易侵入内生殖器引起炎症。此外，月经期间应避免寒冷刺激，特别是下腹部不要受凉，冷水浴锻炼也应暂停。

② 月经期间应避免做剧烈、大强度或震动大的跑跳动作（如快跑、跨跳、腾越）和使腹内压力明显增高的屏气或静力性动作（如推铅球、举重、收腹等），以免子宫受到过大的震动或由于腹内压过高而使子宫压过大，造成经血过多或引起子宫位置的改变。

③ 月经紊乱（经量过多、过少或经期不准等）、痛经或患有内生殖器炎症的女生，月经期间应暂停体育活动。

第七章

大学生应急避险与抗挫折能力及团队协作精神培养

第一节　大学生应急避险能力培养

一、大学生应急避险能力培养的意义

培养应急避险意识对于个人和社会都具有重要意义。具备应急避险能力不仅关乎个人的安全与健康，也关系到整个社会的稳定与发展。以下是培养大学生应急避险能力的几个主要意义。

1. 社会稳定与和谐，培养社会责任感

通过培养应急避险能力，大学生能够认识到自己在社会中的责任和义务。在面对困难和挑战时，他们更愿意主动承担责任，为社会做出贡献。在突发事件发生时，大学生作为社会的一员，具备应急避险能力能够减轻社会负担，维护社会稳定。

2. 个人安全与健康保障

提高应对突发事件的能力，降低意外伤害的风险，学会自救互救技能，能在紧急情况下有效保护自己和他人的生命安全。

3. 提升综合素质

将应急避险教育纳入大学生课程体系，有助于提高教育质量和水平，培养大学生的危机意识，使他们能在复杂多变的环境中保持冷静和理性，锻炼大学生的心理素质，增强应对压力和挑战的能力。如此可使大学生在校园内外都能发挥积极作用，成为传播安全知识和技能的使者，促进社会和谐。

4. 应对自然灾害和公共安全事件

在自然灾害和公共安全事件发生时，大学生能够迅速响应，采取正确的避险措施，减轻灾害损失。大学生在救援和重建工作中也能发挥积极作用，为社会的恢复和发展贡献力量（图7-1）。

图7-1

二、大学生应急避险能力培养的方法

大学生应急避险能力的培养是大学教育中不可或缺的一部分，它涉及学生的生命安全和个人素质的提升。以下是一些建议的培养方法。

1. 开设相关课程，组织模拟演练

大学应设置与应急避险相关的课程，如灾害管理、急救知识、防灾减灾等。这些课程可以系统地介绍应急避险的理论知识和实践技能。定期组织模拟地震、火灾等突发事件的应急演练，让学生在实践中学习如何快速有效地应对紧急情况。演练中设置各种实际场景和问题，考验学生的应急反应能力和团队协作能力。

2. 教授急救知识，培养安全意识

教授基本的急救知识和技能，如心肺复苏（CPR）、止血、骨折固定等，以便在紧急情况下自救或救助他人。加强安全教育的宣传力度，让学生认识到应急避险的重要性，并时刻保持警惕。通过案例分析、安全知识竞赛等形式，提高学生对潜在危险的警觉性。

3. 加强心理韧性的培养

灾害和紧急情况可能会对学生的心理状态产生负面影响。因此，学校应提供心理辅导和心理健康教育，帮助学生更好地应对压力和挑战，使他们能够在面对紧急情况时保持冷静和理性。

4. 制订应急计划

鼓励学生制订自己的家庭和学校的应急计划，并确保所有成员都熟悉这些计划。这些计划应包括灾害发生时的紧急联系方式、紧急避难点的选择以及家庭成员之间的安全通信方式。也可邀请专业人士为学生提供现场指导和建议，提高学生的应急避险能力。

第二节　自然灾害应急常识

暴雨、雷电、大风、高温等自然灾害发生频率高、影响大、危害严重，如能提前做好防范与应急，就可最大限度地减少损失和减轻危害。本节详细讲解在遇到上述自然灾害的情况下，应如何采取应对措施，保障自己的生命财产安全。

一、暴雨应急常识

暴雨在我国夏季最为常见，暴雨预警信号分4级，由低到高分别以蓝色、黄色、橙色、红色表示。

出行前先了解天气情况，尤其注意是否发布暴雨预警信号。特别是夏季，雷阵雨容易突发，最好提前准备伞或者雨衣，以防万一。若在途中遇到暴雨，一定要找地方躲雨，千万不要躲在树下，很危险。若打伞，伞头的方向须与风的方向相反。如果顺风打伞，不但挡不了雨，伞也很容易损坏。

暴雨时，要关好门窗，关闭电源。暴雨时若发现高压线铁塔倾倒、电线低垂或断折，要远离避险，不可触摸或接近，防止触电。

二、雷电应急常识

雷电在我国夏季最为常见，雷电预警信号分三级，分别以黄色、橙色、红色表示。

出门前，要先了解天气情况，尤其注意是否发布雷电预警信号。如果有发布雷电预警信号，应当尽量留在室内，并关好门窗，切断电源，尽量不要使用无防雷装置或者防雷装置不完备的电视、电话等电器，不要使用太阳能热水器。

如遇雷电时仍在户外，应当躲入有防雷设施的建筑物或者汽车内。不要在树下、电杆下、塔吊下避雨，不要待在露天游泳池、开阔的水域或小船上。在空旷场地不要使用金属骨架的雨伞，不要把农具、羽毛球拍、高尔夫球杆等扛在肩上。妥善保管易受雷击的贵重电气设备，断电后放到安全的地方，切勿接触天线、水管、煤气管、铁丝网、金属门窗、建筑物外墙，远离电线等带电设备和其他类似金属装置。

三、大风应急常识

大风（除台风、雷雨大风外）预警信号分为四级，由低到高分别以蓝色、黄色、橙色、红色表示。

出门前，应密切关注天气状况，尤其注意大风预警信号的发布情况。如果刮大风或收到大风预警信号，应尽量留在室内，关紧门窗，加固围板、棚架等搭建物，妥善安置室外物品。

如遇大风时仍在户外，走路尽量避开高层楼房之间的狭长通道，不在广告牌、老树下逗留，远离建筑工地，尽量不骑自行车，应在轻型车辆上放置一些重物，或慢速行驶，必要时应停车。

四、高温应急常识

高温预警信号分为三级，由低到高分别以黄色、橙色、红色表示。

应密切关注天气状况，尤其注意高温预警信号的发布情况。尽量避免午后高温时段的户外活动，避免长时间在户外停留或者高温条件下作业；户外工作或活动时，要避免长时间在阳光下曝晒，同时采取防晒措施；注意作息时间，保证睡眠；必要时准备一些常用的防暑降温药品，如仁丹、十滴水等；注意防范电力设备负荷过大而引发火灾。

五、寒潮应急常识

寒潮预警信号分为四级，由低到高分别以蓝色、黄色、橙色、红色表示。应密切关注天气状况，尤其注意寒潮预警信号的发布情况。

1.寒潮来临前的防护措施

准备防水外套、手套、帽子、围巾、口罩；检查暖气设备、火炉、烟囱等确保正常使用；燃煤等储备充足；节约能源、资源，室温不要过高。

2.寒潮发生时的应对措施

① 注意收听天气预报及紧急状况警报。

② 多穿几层轻、宽、舒适并暖和的衣服，尽量留在室内。

③ 避免过度劳累。

④ 警惕冻伤信号——手指、脚趾、耳垂及鼻头失去知觉或出现泛苍白色。如出现此类症状，立即采取急救措施或就医。可使用暖水袋或热宝取暖，但小心被灼伤。

保证室内通风，防止煤气、一氧化碳中毒。

六、大雾应急常识

大雾预警信号分为三级，由低到高分别以黄色、橙色、红色表示。应密切关注天气状况，尤其注意大雾预警信号的发布情况。

① 尽量不外出，少在雾中活动，不要在雾中锻炼身体。

② 必须外出时，应戴口罩。

③ 行人穿越马路应看清来往车辆。

④ 乘车（船）等交通工具时一定不要相互拥挤。

⑤ 驾车应打开雾灯，与前车之间保持足够的安全距离，慢速行驶，停车时最好驶到马路以外。

七、冰雹应急常识

冰雹预警信号分为两级，由低到高分别以橙色、红色表示。应密切关注天气状况，尤其注意冰雹预警信号的发布情况。冰雹发生时，宜做好以下几点。

① 关好门窗，妥善安置好易受冰雹影响的室外物品。

② 切勿随意外出，确保老人小孩留在家中。

③ 暂停户外活动。

④ 如在户外，要及时到附近的建筑物或较坚固的遮挡物下躲避，不要在烟囱、电线杆或大树底下躲避冰雹。

八、暴雪应急常识

暴雪预警信号分为四级，由低到高分别以蓝色、黄色、橙色、红色表示。应密切关注天气状况，尤其注意暴雪预警信号的发布情况。暴雪天气，宜做好以下几点。

① 尽量待在室内，不要外出，在家中储备一定的食物、饮用水、蜡烛等应急用品。

② 如果在室外，要防止跌倒摔伤。要远离广告牌、临时搭建物和老树，避免砸伤。路过桥下、屋檐等处时，要小心观察或绕道通过，以免因冰凌融化脱落伤人。

③ 非机动车应给轮胎少量放气，以增加轮胎与路面的接触面积而增大摩擦力。

④ 注意收听天气预报和交通信息，避免因机场、高速公路、轮渡码头等停航或封闭而耽误出行。

⑤ 驾驶汽车时要慢速行驶并与前车保持距离。车辆拐弯前要提前减速，避免踩急刹车。有条件要安装防滑链。

⑥ 出现交通事故后，应在现场后方设置明显标志，以防连环撞车事故发生。

九、沙尘暴应急常识

沙尘暴预警信号分为三级，分别以黄色、橙色、红色进行表示。应密切关注天气状况，尤其注意沙尘暴预警信号的发布情况。遇到沙尘暴时，宜做好以下几点。

① 及时关闭门窗，必要时可用胶条对门窗进行密封。

② 外出时要戴口罩，用纱巾蒙住头，以免沙尘侵害眼睛和呼吸道而造成损伤。

③ 呼吸道疾病患者、对风沙较敏感人员不要到室外活动。

④ 行人注意尽量少骑自行车，机动车和非机动车应减速慢行，密切注意路况，谨慎驾驶。

⑤ 妥善安置易受沙尘暴损坏的室外物品。

第三节　大学生抗挫折能力培养

一、挫折教育的意义

挫折教育对于个人成长和发展具有不可替代的作用。通过挫折教育，可以培养学生们坚韧不拔的心理素质、提升自我认知、培养解决问题的能力、激发创新潜力、增强社会适应能力和塑造积极的人生观。因此，我们应该重视挫折教育，为个体提供更多的挫折机会和成长空间。

1. 增强心理韧性，塑造积极的人生观

挫折教育能够帮助学生在面对困难和挑战时，培养坚韧不拔的心理素质。通过经历挫折，学生可以学会调整心态，保持乐观向上的精神，从而更好地应对生活中的各种压力。挫折教育有助于塑造个体积极的人生观。在经历挫折的过程中，学生们会学会珍惜眼前的机会，感恩生活中的美好，从而更加积极地面对生活，追求自己的梦想和目标。

2. 提升自我认知，激发创新潜力

挫折教育有助于个体更全面地认识自己，了解自己的优点和不足。在经历挫折的过程中，人们会反思自己的行为、决策和态度，从而更加清晰地认识自己的能力和局限，为未来的成长和发展提供方向。挫折往往伴随着失败和困境，但这正是激发个体创新潜力的契机。在挫折中，学生们会不断尝试新的方法、新的思路，从而挖掘出潜在的创新能力，为解决问题提供新的途径。

3. 培养解决问题的能力，增强社会适应能力

面对挫折时，个体需要运用自己的智慧和资源来寻找解决问题的方法。通过不断尝试和实践，学生可以逐渐提高自己的问题解决能力，为将来的工作和生活打下坚实的基础。挫折教育有助于个体更好地适应社会环境。在现实生活中，学生们不可避免地会遇到各种挫折和困难。通过挫折教育，他们可以学会如何调整自己的心态和行为，以适应不同的社会环境和人际关系，为未来的生活和工作做好准备。

二、抗挫折能力培养的方法

1. 树立积极的心态，培养适应能力

面对挫折时，保持积极的心态是首要任务。要相信自己有能力克服困难，将挫折视为成长的机会，而不是失败的原因。面对不断变化的环境和情况，保持灵活性和开放的心态。学会适应新的环境，寻找新的解决方案，以应对不断出现的挑战。

2. 设定明确的目标，学会接受失败

为自己设定明确、可衡量的目标，这有助于保持动力和方向。当遇到挫折时，可以回顾目标，重新评估自己的行动计划，并做出必要的调整。失败是成长的一部分，要学会接受失败并从中吸取教训。不要过分关注短期的成败得失，而要注重长期的积累和学习。

3. 制订计划并分步实施，反思并学习

将目标分解为小步骤，并逐一实现。这有助于增强成就感，并在遇到挫折时

更容易找到解决问题的方法。每次遇到挫折后，都要进行反思和总结，分析失败的原因，找出可以改进的地方，并吸取教训。这样不仅可以提高自己的抗挫折能力，还可以促进个人成长和发展。

4. 寻求支持

与家人、朋友或导师建立良好的关系，寻求他们的支持和鼓励。

三、积极心态的来源

积极心态的特征通常包括乐观、自信、感恩、自律和创意。乐观的人相信自己的能力和机会，看到发展的机会和积极的解决方案；自信的人对自己的能力和成果有信任和肯定；感恩的心态会让人更加宽容和善良，能够更好地与周围的人建立良好关系；自律的人有强大的自我控制能力和毅力，能够有效地安排自己的时间和精力，以达到更高的生产力和成就感；富有创意的人则善于开发和应用新思想、新观念、新经验和新方法。

积极的心态主要是指积极的心理态度或状态，是个体对待自身、他人或事物的积极、正向、稳定的心理倾向。它是一种良性的、建设性的心理准备状态，有助于个人在面对生活压力和挑战时，从正面、积极的角度去思考和行动。积极心态的来源主要有如下几方面。

1. 关注正面的信息，进行正面的憧憬

人们通常会根据自己的注意力和关注点来塑造自己的心态。将注意力集中在正面的信息上，如成功、成就、积极的反馈等，有助于培养积极心态。对未来有正面的憧憬和期待，可以激发人的积极心态。当人们相信自己的未来会更好时，他们更有可能以积极的态度面对当前的困难和挑战。

2. 健康的身体，良好的社交关系

身体健康是积极心态的重要基石。良好的身体状态可以让人更有活力，更有自信，从而更容易保持积极的心态。与积极、支持和激励自己的人保持互动，有助于培养积极心态。这些人可以提供帮助、支持和建议，帮助人们更好地应对困难和挑战。

3. 积极的环境，自我肯定和自我欣赏

环境对人的心态有着重要的影响。一个积极、乐观、向上的环境可以激发人的积极心态；反之，一个消极、压抑的环境则可能让人产生消极的心态。哪怕是身处逆境，也要学会欣赏自己并给自己正面的反馈，可以培养积极心态，关注自己的成就和努力，不要过度自我批评或要求自己。

4. 兴趣爱好和自我管理

找到热爱的事物并投入其中，可以增添生活的乐趣，激发创造力，并提供积极的情感体验，有助于培养积极心态。学习管理时间、情绪和压力，制订优先事项，学会放松和恢复，以及有效地应对困难和挫折，可以让人更有控制感，从而更容易保持积极的心态。

第四节 大学生团队协作精神培养

一、团队体育

1. 团队体育的起源与发展

团队体育的起源可以追溯到古代文明时期。在古希腊，奥林匹克运动会是团队体育的早期形式之一，这些运动会中的许多项目，如足球、接力赛跑等，都需要团队成员之间的紧密合作。在古代，团队体育往往与战争训练和社会需求紧密相关。由于战争需要士兵之间的紧密配合和协作，因此许多团队体育项目都带有军事训练的色彩。同时，这些活动也满足了人们社交和娱乐的需求，成为古代社会文化生活的重要组成部分。

随着职业体育的发展，团队体育也持续保持快速发展的势头。人们对健康的重视程度不断提高以及科技的不断进步和创新，团队体育在更多领域得到应用和发展。同时，随着全球化的深入推进和各国之间的文化交流日益频繁，团队体育也将呈现出更加多元化和融合的发展趋势。我们有理由相信，在未来的日子里，团队体育将继续为人类社会的繁荣和发展做出更大的贡献。

2. 拓展训练

拓展训练可以通过精心设计的活动达到"磨炼意志、陶冶情操、完善人格、熔炼团队"的目的，从而增加受训者的快乐能量。

拓展训练的目的是提升个人或团队的能力，实现更高水平的目标。它注重发展个人的综合能力，包括沟通能力、领导能力、问题解决能力等，并通过参与团队项目、接受挑战性任务等方式，提高个人的自我管理能力、团队协作能力和解决问题的能力，以更好地应对工作中的各种复杂情境。同时，拓展训练还能促进职业发展，帮助个人发现自己的潜能，并提供发展机会和平台，为个人的职业道路奠定基础。

在进行拓展训练时，要根据季节和天气选择合适的服装，以防止蚊虫叮咬、避免受伤或不适。由于拓展训练对体能的消耗比较大，参加训练的人员最好带一些能够补充体能的食物和水。

3. 团队合作

团队合作是指一组人为了共同的目标而相互协作、共同努力的过程。在团队合作中，每个成员都扮演着特定的角色，贡献自己的专长和才能，以实现团队的整体目标。

团队成员之间需要保持良好的沟通，以便及时交流信息、分享想法和解决问题。有效的沟通可以促进理解、增强信任，并提高工作效率。团队成员可能具有不同的背景、拥有不同的经验和技能。尊重多样性可以促进创新和产生多元化的解决方案，提高团队的整体效能。

在团队合作中，难免会遇到问题和挑战。团队成员应该学会共同分析问题、寻找解决方案，并勇于承担责任。信任是团队合作的基石。团队成员需要相互信任，相信彼此的能力和承诺。这有助于增强团队的凝聚力和稳定性。

二、经典团队体育项目

1. 步调一致向前冲

步调一致向前冲是一个有趣的团队游戏，要求参与者们保持一致的步伐和节奏向前移动（图7-2）。这个游戏不仅可以锻炼团队成员之间的协调性和默契度，还可以增强团队合作精神和竞争意识。在参与游戏的过程中，团队成员需要相互信任、互相支持，共同面对挑战和困难，从而达到步调一致、共同前进的目标。

图7-2

（1）分组

首先，将所有参与者分成若干小组，每组人数相等。通常每组可以有两人到五人，具体取决于参与者的总数和场地的大小。

（2）准备

① 两人一组：如果是两人一组，参与者需要背靠背站立，手臂互相挽住，然后一同抬起一只脚（例如左脚），让两人只剩一只脚（右脚）着地。

② 多人一组：对于多于两人的小组，可以使用绳子或布条将相邻两人的相邻腿绑在一起，确保所有人的步伐能够保持一致。

(3) 前进

在裁判发出指令后,各小组需要开始尝试以一致的步伐和节奏向前移动。目标是尽快到达终点,同时保持团队的步调一致。

在前进过程中,如果小组出现步伐不一致、摔倒或其他影响前进速度的情况,需要立即停下并重新调整步伐和节奏。

(4) 到达终点

当小组成功到达终点时,裁判会记录下该小组所用的时间。所有小组都完成比赛后,可以根据所用时间的长短进行排名,用时最短的小组获胜。

2. 风火轮

风火轮游戏(图7-3)是一种富有挑战性和趣味性的团队协作游戏,也是一种团队协作竞技型的户外素质拓展游戏,主要目的是培养团队成员之间的团结、合作和协调能力。该游戏通常需要一片空旷的大场地,游戏时间约为10分钟。

图7-3

(1) 游戏准备

将参与者分成若干个小组,每组5人以上。每个小组需要使用报纸和胶带等工具制作一个可以容纳全体团队成员的封闭式大圆环,这个圆环就是"风火轮"。

(2) 游戏开始

各组成员站在自己的"风火轮"内,由裁判统一发布口令出发。行进途中,"风火轮"必须垂直地面,不能将所提供的道具剪裁、折叠,道具纸必须紧密相连。所有组员必须在圈内,身体的任何部分不得直接接触地面。

(3) 游戏过程

各组成员需要共同努力,将"风火轮"滚动起来,并一起前进。在这个过程中,团队成员需要密切配合,保持步调一致,避免"风火轮"断裂或倾斜。同时,团队还需要根据裁判的指示,灵活调整行进方向和速度,以应对各种挑战。

(4) 游戏结束

以"风火轮"全部通过终点线为项目截止时间,优先到达终点的队伍为获胜者。裁判可以根据游戏过程中的表现，评选出最佳团队协作奖、最佳创意奖等奖项，以表彰表现突出的团队和个人。

3. 蜈蚣竞走

蜈蚣竞走是一种有趣的团队协作游戏（图7-4），能够增强团队成员之间的合作与协调。在游戏过程中，团队成员需要密切合作，保持队形稳定，确保每个队员都能够顺利完成任务。这个游戏可以锻炼团队成员之间的默契和协作能力，增强团队凝聚力。

图7-4

（1）分组

将参与者分成若干小组，每组人数相等或相近。如果人数不一致，以人数最少的组为基准，其他组多一人则在总用时上减去相应的时间。

（2）排列队形

每组队员站成一列，后面的队员将双手搭在前一个队员的肩上，连接成蜈蚣形态。确保搭在肩上的手不能"断开"，并提醒队员们在游戏过程中保持这一队形。

（3）设定起点和终点

在活动场地的一端设定起点，另一端设定终点。在起点和终点之间可以设置一个障碍物，增加游戏的挑战性。

（4）开始游戏

裁判发出开始指令后，各组的队员从起点线开始像蜈蚣一样蹲着向前走，绕过障碍物后返回起点。

（5）计时与监督

裁判负责计时，并监督各队是否遵守游戏规则。如果有队员在游戏过程中站起来或搭在肩上的手"断开"，裁判将暂停该队的计时，并要求该队在原地重新接上后再继续前进。

（6）接力与胜负判定

以各队完成游戏所用的总时间判定胜负，用时最少的队获胜。

4. 同心击鼓

同心击鼓是一种非常有趣且富有挑战性的团队活动（图7-5），团队成员可以在轻松愉快的氛围中加强沟通和协作，提高团队的整体效能。同时，这个游戏还可以激发团队成员的创造力和想象力，增强团队之间的协作能力、默契度和凝聚力。

图7-5

（1）游戏准备

道具：准备一个大鼓和一个轻质且易于颠起的球（如排球或轻质足球）。

场地：选择一个平坦且宽敞的场地，确保有足够的空间供团队成员活动。

分组：根据团队规模，将团队成员分成若干个小组，每组人数大致相等。

（2）游戏规则

站位：每组团队成员围成一个圆圈，每个人手持一根连接到鼓上的绳子。确保绳子足够长，使每个成员都能舒适地握住并拉到鼓的上方。

开始：在裁判的指示下，每组选择一名成员负责抛球。当裁判发出开始信号时，抛球者将球轻轻抛向鼓面，其他成员则通过拉紧或放松绳子来控制鼓面的位置和倾斜度，使球能够连续不断地在鼓面上颠起。

颠球：团队成员需要密切协作，通过调整绳子的拉力来保持鼓面的稳定，并确保球在鼓面上持续颠起。如果球落地或颠球中断，则需要重新开始计数。

计时与记录：每组有固定的时间（如3分钟或5分钟）来尝试颠球。裁判负责计时并记录每组在限定时间内颠起的球数。

轮换与总结：完成一轮后，各组可以轮换位置或进行人员调整，以便每个成员都有机会参与和体验。游戏结束后，可以进行总结和分享，讨论在游戏中的体验和感受，以及如何进一步提高团队的协作能力。

（3）游戏技巧

保持节奏：团队成员需要保持一致的节奏和力度，以便更好地控制鼓面和球的运动。

调整角度：当球即将落地时，可以通过调整绳子的角度和力度来改变球的运动轨迹，使其能够再次回到鼓面上。

鼓励与沟通：在游戏过程中，团队成员需要相互鼓励和支持，并通过积极的沟通来协调动作和节奏。

5. 同舟共济

同舟共济游戏旨在模拟团队在困难或挑战面前必须共同协作、相互支持的情境，从而增强团队的凝聚力、合作精神和解决问题的能力（图7-6）。

图7-6

（1）游戏准备

场地：选择一个平坦且宽敞的场地，确保没有障碍物。

道具：准备足够数量的垫子或泡沫板（模拟"舟"），确保每个团队成员都能站在上面。此外，还可以准备一些障碍物（如绳子、锥桶等）来增加游戏的挑战性。

分组：根据团队规模，将成员分成若干个小组，每组人数大致相等。

（2）游戏规则

布置场地：在场地的一端设置起点，另一端设置终点。在起点和终点之间设置一系列障碍物，模拟航行中遇到的困难。

开始游戏：每个小组的成员需要站在同一块垫子或泡沫板上，作为他们的"舟"。在游戏开始时，每个小组需要从起点出发，通过协作移动"舟"（即垫子或泡沫板）和跨越障碍物，最终到达终点。

（3）规则说明

在游戏过程中，每个小组成员必须始终保持在"舟"上，不得落地。团队成员需要共同协作，通过推、拉、抬等方式移动"舟"。跨越障碍物时，需要团队共同制订策略，并协调动作以确保所有成员都能顺利通过。第一个到达终点的小组获胜，根据到达终点的先后顺序进行排名。

（4）游戏挑战

可以增加障碍物的数量和难度，以提高游戏的挑战性和趣味性。可以设定时间限制，增加游戏的紧张感和刺激感。可以让团队在游戏开始前进行短暂的策略讨论，以提高他们的协作能力和解决问题的能力。

（5）游戏总结

游戏结束后，组织者可以引导团队成员进行分享和讨论。讨论内容可以包括：

① 在游戏过程中，哪些因素影响了团队的协作和效率？

② 团队成员之间是如何相互支持和配合的？有哪些成功的经验和教训？

③ 团队在面对挑战时，是如何制订策略并协调动作的？

附录　大学生体质健康测试评分标准

1. 男生体质健康测试项目

身高/体重、肺活量、坐位体前屈、立定跳远、引体向上、50米跑、1000米跑。

2. 女生体质健康测试项目

身高/体重、肺活量、坐位体前屈、立定跳远、一分钟仰卧起坐、50米跑、800米跑。

3. 国家学生体质健康标准成绩对照表

附表1　男生体重指数（BMI）单项评分表　　　单位：千克/米^2

等级	单项得分	大学
正常	100	17.9～23.9
低体重	80	≤17.8
超重		24.0～27.9
肥胖	60	≥28.0

附表2　女生体重指数（BMI）单项评分表　　　单位：千克/米^2

等级	单项得分	大学
正常	100	17.2～23.9
低体重	80	≤17.1
超重		24.0～27.9
肥胖	60	≥28.0

附表3　男生肺活量单项评分表　　　单位：毫升

等级	单项得分	大一大二	大三大四
优秀	100	5040	5140
	95	4920	5020
	90	4800	4900
良好	85	4550	4650
	80	4300	4400
及格	78	4180	4280
	76	4060	4160
	74	3940	4040
	72	3820	3920
	70	3700	3800
	68	3580	3680
	66	3460	3560
	64	3340	3440

续表

等级	单项得分	大一大二	大三大四
及格	62	3220	3320
	60	3100	3200
	50	2940	3030
不及格	40	2780	2860
	30	2620	2690
	20	2460	2520
	10	2300	2350

附表 4　女生肺活量单项评分表　　　　　　　　单位：毫升

等级	单项得分	大一大二	大三大四
优秀	100	3400	3450
	95	3350	3400
	90	3300	3350
良好	85	3150	3200
	80	3000	3050
及格	78	2900	2950
	76	2800	2850
	74	2700	2750
	72	2600	2650
	70	2500	2550
	68	2400	2450
	66	2300	2350
	64	2200	2250
	62	2100	2150
	60	2000	2050
不及格	50	1960	2010
	40	1920	1970
	30	1880	1930
	20	1840	1890
	10	1800	1850

附表 5　男生 50 米跑单项评分表　　　　　　　　单位：秒

等级	单项得分	大一大二	大三大四
优秀	100	6.7	6.6
	95	6.8	6.7
	90	6.9	6.8
良好	85	7.0	6.9
	80	7.1	7.0

续表

等级	单项得分	大一大二	大三大四
及格	78	7.3	7.2
	76	7.5	7.4
	74	7.7	7.6
	72	7.9	7.8
	70	8.1	8.0
	68	8.3	8.2
	66	8.5	8.4
	64	8.7	8.6
	62	8.9	8.8
	60	9.1	9.0
不及格	50	9.3	9.2
	40	9.5	9.4
	30	9.7	9.6
	20	9.9	9.8
	10	10.1	10.0

附表6　女生50米跑单项评分表　　　　　单位：秒

等级	单项得分	大一大二	大三大四
优秀	100	7.5	7.4
	95	7.6	7.5
	90	7.7	7.6
良好	85	8.0	7.9
	80	8.3	8.2
及格	78	8.5	8.4
	76	8.7	8.6
	74	8.9	8.8
	72	9.1	9.0
	70	9.3	9.2
	68	9.5	9.4
	66	9.7	9.6
	64	9.9	9.8
	62	10.1	10.0
	60	10.3	10.2
不及格	50	10.5	10.4
	40	10.7	10.6
	30	10.9	10.8
	20	11.1	11.0
	10	11.3	11.2

附表7　男生坐位体前屈单项评分表　　　　　　　单位：厘米

等级	单项得分	大一大二	大三大四
优秀	100	24.9	25.1
	95	23.1	23.3
	90	21.3	21.5
良好	85	19.5	19.9
	80	17.7	18.2
及格	78	16.3	16.8
	76	14.9	15.4
	74	13.5	14.0
	72	12.1	12.6
	70	10.7	11.2
	68	9.3	9.8
	66	7.9	8.4
	62	5.1	5.6
	60	3.7	4.2
不及格	50	2.7	3.2
	40	1.7	2.2
	30	0.7	1.2
	20	−0.3	0.2
	10	−1.3	−0.8

附表8　女生坐位体前屈单项评分表　　　　　　　单位：厘米

等级	单项得分	大一大二	大三大四
优秀	100	25.8	26.3
	95	24.0	24.4
	90	22.2	22.4
良好	85	20.6	21.0
	80	19.0	19.5
及格	78	17.7	18.2
	76	16.4	16.9
	74	15.1	15.6
	72	13.8	14.3
	70	12.5	13.0
	68	11.2	11.7
	66	9.9	10.4
	64	8.6	9.1
	62	7.3	7.8
	60	6.0	6.5

续表

等级	单项得分	大一大二	大三大四
不及格	50	5.2	5.7
	40	4.4	4.9
	30	3.6	4.1
	20	2.8	3.3
	10	2.0	2.5

附表9 男生立定跳远单项评分表　　　　　　　　单位：厘米

等级	单项得分	大一大二	大三大四
优秀	100	273	275
	95	268	270
	90	263	265
良好	85	256	258
	80	248	250
及格	78	244	246
	76	240	242
	74	236	238
	72	232	234
	70	228	230
	68	224	226
	66	220	222
	64	216	218
	62	212	214
	60	208	210
不及格	50	203	205
	40	198	200
	30	193	195
	20	188	190
	10	183	185

附表10 女生立定跳远单项评分表　　　　　　　　单位：厘米

等级	单项得分	大一大二	大三大四
优秀	100	207	208
	95	201	202
	90	195	196
良好	85	188	189
	80	181	182

续表

等级	单项得分	大一大二	大三大四
及格	78	178	179
	76	175	176
	74	172	173
	72	169	170
	70	166	167
	68	163	164
	66	160	161
	64	157	158
	62	154	155
	60	151	152
不及格	50	146	147
	40	141	142
	30	136	137
	20	131	132
	10	126	127

附表11 男生一分钟引体向上单项评分表　　　　　　单位：次

等级	单项得分	大一大二	大三大四
优秀	100	19	20
	95	18	19
	90	17	18
良好	85	16	17
	80	15	16
及格	78		
	76	14	15
	74		
	72	13	14
	70		
	68	12	13
	66		
	64	11	12
	62		
	60	10	11
不及格	50	9	10
	40	8	9
	30	7	8
	20	6	7
	10	5	6

附表12 女生一分钟仰卧起坐单项评分表　　　　单位：次

等级	单项得分	大一大二	大三大四
优秀	100	56	57
优秀	95	54	55
优秀	90	52	53
良好	85	49	50
良好	80	46	47
及格	78	44	45
及格	76	42	43
及格	74	40	41
及格	72	38	39
及格	70	36	37
及格	68	34	35
及格	66	32	33
及格	64	30	31
及格	62	28	29
及格	60	26	27
不及格	50	24	25
不及格	40	22	23
不及格	30	20	21
不及格	20	18	19
不及格	10	16	17

附表13 男生耐力跑单项评分表　　　　单位：分·秒

等级	单项得分	大一大二	大三大四
优秀	100	3'17"	3'15"
优秀	95	3'22"	3'20"
优秀	90	3'27"	3'25"
良好	85	3'34"	3'32"
良好	80	3'42"	3'40"
及格	78	3'47"	3'45"
及格	76	3'52"	3'50"
及格	74	3'57"	3'55"
及格	72	4'02"	4'00"
及格	70	4'07"	4'05"
及格	68	4'12"	4'10"
及格	66	4'17"	4'15"
及格	64	4'22"	4'20"
及格	62	4'27"	4'25"
及格	60	4'32"	4'30"

续表

等级	单项得分	大一大二	大三大四
不及格	50	4'52"	4'50"
	40	5'12"	5'10"
	30	5'32"	5'30"
	20	5'52"	5'50"
	10	6'12"	6'10"

附表14　女生耐力跑单项评分表　　　　单位：分・秒

等级	单项得分	大一大二	大三大四
优秀	100	3'18"	3'16"
	95	3'24"	3'22"
	90	3'30"	3'28"
良好	85	3'37"	3'35"
	80	3'44"	3'42"
及格	78	3'49"	3'47"
	76	3'54"	3'52"
	74	3'59"	3'57"
	72	4'04"	4'02"
	70	4'09"	4'07"
	68	4'14"	4'12"
	66	4'19"	4'17"
	64	4'24"	4'22"
	62	4'29"	4'27"
	60	4'34"	4'32"
不及格	50	4'44"	4'42"
	40	4'54"	4'52"
	30	5'04"	5'02"
	20	5'14"	5'12"
	10	5'24"	5'22"

参考文献

[1] 王俪燕，吴恒晔，徐建国.大学生体质健康管理与健康促进指南.上海：同济大学出版社，2019.
[2] 王新.大学生体质健康与锻炼方法指导.北京：北京体育大学出版社，2021.
[3] 刘涛.大学生体质健康指导教程.北京：化学工业出版社，2019.
[4] 张威，张向辉.大学体育.北京：化学工业出版社，2021.